Leo Frank-Maier

GESTÄNDNIS

DAS LEBEN EINES POLIZISTEN

Vom Agentenjäger
zum Kripochef
Oberst Leo Maier

Verlag Grosser

Das Portrait des Autors auf dem
Schutzumschlag wurde von Foto Hofer, Bad Ischl,
zur Verfügung gestellt.

ISBN 3-85267-006-3

Umschlaggestaltung: Hannes Zachhuber, Neuhofen/Krems
Satz: Schaber, Wels
Druck: Grosser, Linz
Bindung: Almesberger, Salzburg

Inhalt

Der Anlaß

Der 29. September 1991 ist ein Sonntag, das Wetter ist freundlich warm im Salzkammergut, und ich sitze in Bad Ischl in meinem Stammcafé und lese Zeitungen. Von dem Oberspion der DDR, Markus Wolf, lese ich, der nun in Wien um Asyl angesucht hat. Am Nebentisch unterhalten sich Bekannte von mir über eben dieses Thema. »Gestern hab ich im Fernsehen unseren Innenminister gesehen«, sagt einer. »Der Minister meint, gegen Österreich hat der ostdeutsche Geheimdienst ja nie spioniert. Also liegt bei uns nichts gegen den Wolf vor.«

Ich muß kurz auflachen. Meine Freunde sehen mich an. »Was ist?« fragt einer, »weißt du es besser?«

Ich weiß es besser. Ich erinnere mich an das Jahr 1965, damals habe ich als Kriminalbeamter an einem Spionagefall gearbeitet. Es gelang uns, einen DDR-Agentenring zu zerschlagen, der Wirtschaftsspionage »zum Nachteile der VÖEST« betrieb. Sieben Verhaftungen, erinnere ich mich, einwandfreie Beweismittel, volle Geständnisse, entsprechende Gerichtsurteile. Ich erzähle das meinen Freunden. Sie wollen immer mehr wissen.

»Weißt du, Frank«, sagt dann einer, »du solltest keine Kriminalromane schreiben, du solltest deine Biographie schreiben, deine Lebensgeschichte.«

»Blödsinn«, antworte ich. »Das interessiert doch keinen Menschen. So ein Buch druckt ja auch kein Verleger.«

Alle sind jetzt gegen mich. »Du hast als Kieberer so viel erlebt«, meinen sie, »das solltest du alles niederschreiben.«

Ich bestelle noch ein Glas Wein, es ist das vierte. Meine Freunde verlassen das Lokal, sie gehen zu einem Fußballmatch.

Ich sinniere in mein Weinglas. Meine Lebensgeschichte? Was ist das schon. Na ja, eigentlich war immer was los in meinem Leben. Ich weiß nicht recht, was daran schuld war. »Noch ein Glas?« höre ich die Kellnerin fragen. Ich nicke.

Wie fängt man so eine Biographie an, überlege ich. Na, am Anfang natürlich. Am Anfang wird man geboren. Das war bei mir 1925 in Wien. Mein Vater fällt mir ein, er war Fabriksarbeiter in Wien-Floridsdorf. Ärmliche Verhältnisse bei den Maiers. Mein Vater war Sozialdemokrat der alten Schule, er las viel und lernte als Erwachsener, was er in vier Volksschulklassen nicht erfahren hatte. »Bub, lern was«, sagte er immer wieder, »nur was du im Schädel hast, kann dir niemand wegnehmen. Alles andere kann man verlieren, aber was du im Schädel hast, das bleibt dir.«

Wie recht er hatte.

»Sperrstunde«, sagt die Kellnerin. Ich bezahle. Viel zu viel habe ich wieder getrunken. Na schön, werd ich halt meine Memoiren schreiben.

Dieses Buch widme ich den Lesern der Frank-Bücher, die immer schon wissen wollten, wie viele und welche Teile von den in meinen Büchern geschilderten Fällen realistische Hintergründe aus meinem Arbeitsleben als Polizist haben, außerdem meinen Kollegen von einst und jetzt, meinen Freunden und meiner Familie.

Besonders bedanken möchte ich mich bei Gerhard Lukesch, dem Journalisten vom Kurier in Linz, der mir einen Beitrag für dieses Buch zur Verfügung gestellt hat sowie beim Verlag Kremayr & Scheriau, aus dessen Buch »HECHTGRAU UND FLASCHENGRÜN« ich das Kapitel über meinen ungewöhnlichen diplomatischen Kieberer-Einsatz im Dienste der österreichischen Geschichtsschreibung zitiere. Nicht zuletzt bedanke ich mich für die Zurverfügungstellung meines Aktes über meine nachrichtendienstlichen Tätigkeiten, die mich zum Doppelspion stempeln sollten und für das Bereitstellen von Fotos bei den jeweiligen Fotografen.

LEO MAIER alias LEO FRANK
Bad Ischl

REPUBLIK ÖSTERREICH
BUNDESMINISTERIUM FÜR INNERES
GENERALDIREKTION
FÜR DIE ÖFFENTLICHE SICHERHEIT

Zahl: 66.864 - 3/65

An Herrn

Leo MAIER,
Kriminalabteilungsinspektor,

L i n z .

Das Bundesministerium für Inneres spricht Ihnen für die mit besonderem Eifer und Umsicht durchgeführten Erhebungen, die zur Aufklärung eines Spionagefalles geführt haben, die

b e l o b e n d e A n e r k e n n u n g

aus.

Gleichzeitig wird Ihnen gemäß § 20 Absatz 1 des Gehaltsgesetzes 1956 eine Belohnung in der Höhe von

S 800, - (Schilling achthundert)

zuerkannt.

14. Mai 1965
Der Bundesminister:

Czettel

Der Anfang

Im Februar 1934 wird in Wien geschossen. Die verbotenen Sozialdemokraten putschen gegen das Dollfuß-Regime, der Aufstand wird von Polizei und Bundesheer brutal niedergeschlagen. In unserem Gemeindebau wohnen nur Sozialisten, Hausdurchsuchungen und Verhaftungen stehen bevor. Mein Vater sammelt die Gewehre ein, mit einem Schubkarren fahren wir damit in eine Schottergrube, werfen die Gewehre in einen Teich. Die Polizei kommt am nächsten Tag ins Haus, findet nichts.

»Na, Burscherl«, sagt ein Inspektor zu mir, »wo sind denn die Gewehre versteckt?«

Ich schau so unschuldig drein wie bei der ersten Kommunion. »Gewehre?« rufe ich, »ich hab noch nie ein Gewehr gesehen. Wie schaut denn so was aus?«

Mein Vater grinst. Die Polizei zieht wieder ab. Die Nachbarn bedanken sich bei meinem Vater. Das also war meine erste Begegnung mit der Polizei.

In den Schulferien schickte mich meine Mutter in der Mittagszeit in die Fabrik zu meinem Vater, ich brachte ihm das Essen. Mit anderen Kindern und auch Frauen wurden wir in die Fabrik eingelassen, wenn um zwölf Uhr die Sirenen heulten. Mittagspause war eine halbe Stunde. Mein Vater und die anderen Arbeiter saßen verschwitzt und verdreckt auf Kokshaufen, löffelten hastig hinunter, was wir ihnen gebracht hatten. Damals gab es in den Betrieben weder Waschanlagen noch Kantinen.

Im März 1938 marschierte Hitler in Österreich ein, wir wurden zu Ostmärkern. Mein Vater und seine Genossen waren natürlich dagegen, dann aber nach einigen Monaten geschah Seltsames. Ich erinnere mich. Mein Vater kam von der Arbeit heim. »Milla«, sagte er zur Mutter, »schau mich an. Ich bin sauber gewaschen! Im Betrieb haben wir jetzt Duschen. Und eine Kantine haben wir auch, brauchen nicht mehr auf den Kokshaufen fressen wie die Viecher. Das haben wir dem Hitler zu verdanken. Langsam werden mir die Nazis sympathisch. Sie bringen uns ja alles, wofür wir vergeblich gekämpft haben.«

Für uns Buben ist der Anschluß natürlich eine großartige Sache. Es gibt Uniformen in der Hitlerjugend, viel Sport in den Schulen und politische Vorträge anstatt der langweiligen Religionsstunden. Was doch so eine staatliche planmäßige Verhetzung ausmacht! Wenn ich daran denke, wie wir in den Braunhemden stramm bei der Kirche vorbeimarschierten, dabei sangen: »HJ-Kameraden, hängt die Juden, stellt die Pfaffen an die Wand!« Der Pfarrer, unser ehemaliger Religionslehrer, hat Selbstmord begangen, hören wir – ohne Gefühlsregung. Was muß in dem Mann vorgegangen sein, der uns christliche Nächstenliebe predigte, als er uns das singen hörte. Stellt die Pfaffen an die Wand …

Mein Vater besteht darauf, daß ich von der Hauptschule

in ein Gymnasium wechsle. Ein Jahr Latein muß ich in den Ferien nachlernen, die Prüfung bestehen. Gymnasium heißt jetzt Oberschule, nur weg mit all den Fremdwörtern, deutsch ist die Parole.

Gescheiter werden wir Buben nicht, aber größer und sportlicher. 1943 melden wir uns freiwillig zur Wehrmacht, denn inzwischen ist ja der Krieg ausgebrochen und »Deutschland siegt an allen Fronten«. Ich kann es nicht erwarten, an eine dieser Fronten zu kommen. Im Winter 1943 ist es so weit, der Grenadier Maier friert in einem Bunker an der Beresina in Rußland, Mittelabschnitt.

Geht es noch dümmer? Es geht. Im Frühjahr 1944 bin ich dran mit Heimaturlaub, weil ich zum EK II eingegeben bin, diesen Orden aber noch nicht habe, bitte ich den Feldwebel, mich in der Urlaubsliste zurückzureihen. Denn wie schaut denn das aus, wenn ich ohne EK in der Heimat die Mädchen wiedersehe! Die halten mich doch womöglich für einen Hinterlandstachinierer.

Im Sommer 1944 jagen uns die Russen von der Beresina bis an die Weichsel. Natürlich ist jetzt Urlaubssperre, und ich habe zwar das EK, aber Mädchen gibt es keine. Nur Tote und Verwundete und die älteren, die gescheiteren von uns zweifeln bereits am Endsieg.

Weit ist der Weg von der Beresina zur Weichsel. Sieben Mal ist unsere Einheit eingeschlossen, das »Sturmregiment des Armeeoberkommandos 9«. Immer wieder haben wir laut Führer-Befehl irgendeine Stadt »bis zum letzten Mann« zu verteidigen. Immer wieder rennen wir davon, wenn die russischen T-34-Panzer in Schwärmen näherkommen und auf unserer Seite keine Panzerabwehrkanonen sind. Das

Sturmregiment wird bis auf Reste aufgerieben, zur Neuaufstellung kommen wir nach Ostpreußen, in einen Ort namens Ukta, Kreis Sensburg.

Dort herrscht tiefer Frieden. Männer sind Mangelware, wir genießen die starke Nachfrage der Frauen und Mädchen. Ich lerne eine Kriegerwitwe kennen, hübsches Weib, zehn Jahre älter als ich. Meine sexuellen Erfahrungen beschränkten sich bis dahin auf Knutschereien mit Mitschülerinnen auf Parkbänken, nun lehrt mich die Ostpreußin, was es da noch alles gibt. Nach einer Woche feiern wir Verlobung.

Wie so oft in meinem Leben hatte diese an sich unbedeutende Begebenheit arge Folgen. Denn eine Woche später wurde meine Einheit nach Skirniewice, eine Stadt westlich von Warschau, verlegt. Ich durfte noch einige Tage mit Urlaubsschein bei meiner Verlobten bleiben, sollte mit der Bahn nachkommen. Als ich dann auf dieser Bahnfahrt in Warschau umsteigen wollte, wurde ich mit anderen Landsern von der Militärpolizei zur Seite beordert. In Warschau war gerade der Aufstand der Nationalpolen ausgebrochen, und man bildete Alarmeinheiten zur Niederschlagung dieses Aufstandes. Ich kam zu einer »Kampfgruppe Reinefahrt«, einer Einheit der Waffen-SS. Und während sich in den nächsten Wochen meine Kameraden in Skirniewice in Ruhe erholten, gab es für mich Straßenkämpfe und Schießereien von Haus zu Haus.

Grauenhaft. Über diesen Aufstand ist inzwischen viel geschrieben worden. Ich erlebte ihn folgendermaßen:

Die Russen hatten den Warschauer Stadtteil Praga erobert, das war auf der anderen Seite der Weichsel. Sie feuerten zur Unterstützung des Aufstandes keinen einzigen Schuß ab. Der Grund wurde uns alsbald klar.

Es war ein Aufstand der National-Polen, die hatten eine Exilregierung in London, und ein General Anders leitete die Revolution. Nun waren die Sowjets aber an einem nationalen polnischen Staat überhaupt nicht interessiert, sie wollten ein kommunistisches Polen. Daher ließen sie es zu, daß wir diesen Aufstand niederschlugen. Sogar mir als kleinem Gefreiten wurde klar, daß die Deutschen keine Chance gehabt hätten, wären die Russen der Anders-Armee zu Hilfe gekommen.

Die Kampfgruppe Reinefahrt war in einem Stadtteil Mokotows eingesetzt. Gegen Ende des Aufstandes zogen sich die Rebellen in die Kanalisation der Stadt zurück. In den Kanälen waren sie für uns kaum zu erreichen. Eines Morgens bekamen wir einen seltsamen Befehl: Wir mußten alle Kanaldeckel des Viertels öffnen und besetzt halten. Bald wurde uns der Grund dieses Befehles klar. Unsere Pioniere hatten die Staudämme der Kanalisation gesprengt oder die Schleusen geöffnet, das Wasser stieg rasch bis zur Straßenhöhe. Alles, was unten war, mußte ersaufen. Tausende Ratten schwammen an der Wasseroberfläche. Wir überlegten, ob die polnischen Freiheitskämpfer wohl zuerst ertrunken oder von den Ratten zerbissen worden waren. Spätestens zu diesem Zeitpunkt wurde auch für mich der Krieg ein unmenschliches Verbrechen.

Zurück bei meiner Einheit in Skirniewice mußte ich meinen neugierigen Kameraden meine Erlebnisse in Warschau erzählen. Viel Zeit blieb nicht, das Sturmregiment kam wieder an die Front.

Es wurde Winter.

Der 13. März 1945 war ein Glückstag für mich. Das stellte sich erst später heraus, am Anfang wurde ich verwundet, ein Oberschenkeldurchschuß ohne Knochenbruch. Das war bei Radom, ich war der erste Verwundete der Kompanie und kam gerade noch aus dem Kessel heraus, die Russen marschierten damals bis Berlin. Von meinen Kameraden sah ich keinen mehr, dem Vernehmen nach sind die meisten gefallen oder in russische Gefangenschaft gekommen.

Mein Glück hielt an. Man brachte mich in ein Lazarett nach Dresden. Ich konnte schon mit einer Krücke umherhumpeln, als Dresden von den westlichen Alliierten zerbombt wurde. Zwei Tage lagen wir in einem Splittergraben, es gab keine Luftabwehr, die Bomben töteten zehntausende Zivilisten. Viele Jahre später, als ich bei der Staatspolizei NS-Kriegsverbrechen bearbeiten mußte, stellte ich mir die Frage, ob denn die Bombardierung von Frauen und Kindern nicht auch als ein Kriegsverbrechen zu werten ist ...?

Weil also in Dresden dann alles kaputt war, verlegte man die Verwundeten nach dem Westen, ich kam zu einer Genesungskompanie nach Ebingen in Württemberg.

Als die Franzosen dort näherkamen, mußte die Genesungskompanie noch einmal in den Einsatz. Ich lag hinter einem MG, französische Infanterie kam in Schützenkette näher. Merkwürdig dunkle Gesichter, es waren Marokkaner, stellte sich heraus. Ich schoß noch einen Gurt Richtung Westen, warf dann das MG in einen Wassergraben und ging Richtung Osten. In französische Gefangenschaft wollte ich nicht, man hörte da nichts Gutes. Die Amis waren mir lieber.

Der Mai war sonnig und warm im Jahr 1945, ein Glück für die vielen Versprengten wie mich, die im Freien schlafen mußten. Bis nach Burghausen am Inn kam ich nach vielen Tagesmärschen, dort schnappten mich die Amerikaner, steckten mich in ein Lager.

Mein Glück hielt weiter an. Wir hörten im Radio, daß Österreich wieder entstanden ist und als befreites Land eingestuft wurde. Im Lautsprecher wurden dann alle Gefangenen österreichischer Herkunft aufgefordert, zu einer Entlassungsstelle zu kommen. Dort wurden wir auf SS-Mitgliedschaft überprüft und anschließend freigelassen. Eines bleibt mir ewig in Erinnerung: Als ich mit anderen zur Entlassungsstelle ging, beobachteten uns die deutschen Mitgefangenen. Einen hörte ich sagen: »Guck sie dir an, diese Österreicher. 1938 haben sie gebrüllt wie die Irren, wir wollen heim ins Reich! Jetzt gehören sie zu den Naziopfern.«

Ein wenig schämte ich mich, aber dann siegte der Egoismus. Das Hemd ist einem halt näher als der Rock.

Leo Frank Maier als Soldat

Das Motiv

Mit meinen frischen Entlassungspapieren marschierte ich weiter bis Braunau am Inn, dort lebte ein Onkel von mir. Von meinen Eltern wußte ich ja seit meiner Verwundung nichts, die Feldpost funktionierte damals nicht mehr. Von meinem Onkel hörte ich nun, daß mein Vater irgendwo in Gefangenschaft war, daß die elterliche Wohnung ausgebombt worden ist, daß meine Mutter in einem Lager lebt. Weiter nach Wien zu marschieren wäre also sinnlos gewesen. Mein Onkel war von Beruf Gendarm. »Leo«, sagte er zu mir, »wir haben auch fast nichts zu fressen, können dich nicht mitfüttern, du mußt irgendwas arbeiten, damit du Lebensmittelmarken bekommst.« Aber was?

»Geh halt zur Gendarmerie. Wir brauchen dringend Leute, weil alle Nazis entlassen worden sind.«

So wurde ich also Probegendarm. Freude hatte ich keine damit, aber ich dachte mir, ein paar Monate werd ich schon aushalten, dann ergibt sich sicher was anderes. Wie hätte ich damals ahnen können, daß aus den geplanten Monaten vierzig Dienstjahre bei der Polizei werden sollten?

Nach einem Schnellsiederkurs kam der Probegendarm Maier auf den Gendarmerieposten nach Traunkirchen, Bezirk Gmunden. In dieser Zeit hatte die amerikanische Besatzungsmacht das Sagen, alles gehörte den Amis – Straßen, Essen, Unterkünfte, Fahrzeuge, Mädchen – einfach alles. In Traunkirchen war eine Kompanie im Hotel Post einquartiert. Eines Tages kam der Förster auf den Posten, er weinte beinahe, beklagte sich beim Postenkommandanten. Mit ihren Jeeps fahren die Ami-Soldaten in die umliegenden Berge, schießen auf Rehe und Gemsen, halt weil ihnen fad ist. Für den Förster ist das eine Katastrophe. Was tun?

Ich gehe zu dem Ami-Kommandanten. Am Weg überlege ich. Die Amis um Vernunft zu bitten wäre sinnlos, denen ist der Wildbestand egal. Also erzähle ich dem Captain eine wilde Geschichte: versprengte SS-Truppen würden sich in den Bergen aufhalten, die könnten auf die jagenden Amis schießen, weil für die der Krieg immer noch nicht aus ist. Der Captain wird blaß, verbietet sofort diese Ausflüge in die Berge.

Die Folgen hatte ich nicht bedacht. Drei Tage später kommen zwei CIC-Offiziere zum Posten, fragen nach mir. Wir reden englisch. Sie wollen wissen, woher ich diese Informationen über die versteckten SS-ler habe. Ich bin in Verlegenheit, entschließe mich dann zur Wahrheit und erzähle vom Leid des Försters. Die beiden brüllen vor Lachen. Sie werden ihr Hauptquartier beruhigen und nicht einmal dem Captain die Wahrheit sagen. Lachend verabschieden sie sich.

Mein Postenkommandant hat kein Wort verstanden, jetzt muß ich ihm berichten. Ich sage auch ihm die Wahrheit, er lacht nicht, meldet den Vorfall an das Bezirkskommando. Dort wundert man sich darüber, daß ein Probegendarm englisch kann. Ich werde zu Dolmetscher-Diensten eingeteilt. Und der Förster fällt mir jedes Mal um den Hals, wenn er mich sieht.

In Ebensee war ein Nazi-KZ. Die befreiten politischen Häftlinge waren schon lange wieder in ihrer Heimat, die kriminellen KZler blieben im Land, machten jetzt als DPs (Displaced Persons) die Gegend unsicher. Darunter waren viele Ukrainer. In Rußland hatte ich mit unseren russischen Hiwis (Hilfswillige) ein wenig russisch gelernt, konnte mich leidlich verständigen. Bei den Dolmetschereien war die Sensation perfekt, als sich herausstellte, daß dieser Probegendarm nicht nur mit den Amis, sondern auch mit den Russen reden konnte. Diese Kunde drang bis zu meinen Vorgesetzten nach Linz.

Der »Kalte Krieg« war nun ausgebrochen. Russen und Amerikaner entführten einander ihre Geheimagenten, meist Österreicher. Linz ist zweigeteilt, in Urfahr die Russen, in Linz die Amerikaner. Ich werde gefragt, ob ich nach Linz zur Sicherheitsdirektion will, ich soll dort als Kriminalbeamter bei der Staatspolizei arbeiten. Ich will. Aus einem Grund: Ich werde Kriminalbeamter und bin damit die Uniform los.

Damals gab es für Österreicher den sogenannten »Viersprachenausweis« – eine Identitätskarte in deutsch, englisch, französisch und russisch. Das war ein Diktat der vier Besatzungsmächte. Nun war in mehreren Bezirkshauptmannschaften eingebrochen worden, Hunderte Blankoformulare und Stempel waren gestohlen. Wir hatten Informationen, daß gesuchte ehemalige Nazigrößen oder Kriegsverbrecher sich organisiert hatten und mit Hilfe dieser gestohlenen Ausweiskarten eine neue Identität begannen. Die bundesweiten polizeilichen Erhebungen liefen unter dem Kennwort »Aktion Sacher II«.

In einem Linzer Kaffeehaus verhaften ein Kollege und ich einen Verdächtigen, er hat eine Menge dieser gestohlenen Ausweise bei sich. Seine Identität können wir klären, er heißt Josef Urban, war SS-Obersturmbannführer und Leiter des Reichssicherheitshauptamtes VI E in Budapest. Von dort aus hatte er die militärische Spionage im Balkanraum organisiert. Er ist nur zwei Tage in Haft bei uns, dann kommen die Amerikaner vom CIC und holen ihn ab. Er geht wieder frei. Ein hoher CIC-Offizier erklärt dem Sicherheitsdirektor, daß dieser Urban ein perfektes Agentennetz bis weit in die Sowjetunion befehligt und deshalb für die Amis eine wichtige Person sei.

Mir läßt das keine Ruhe. Ich treffe den Urban immer wieder, rede mit ihm, studiere seine Lebensgewohnheiten. Schließlich komme ich darauf, woher er die für den amerikanischen Geheimdienst ach so wichtigen Informationen hat.

Mit ehemaligen Mitarbeitern des RSHA – für die er auch die gestohlenen Blanko-Ausweise brauchte – organisierte er in der sowjetischen Besatzungszone eine Art Müllabfuhr. Die Burschen sammelten alles Papier, welches in den Mistkübeln der sowjetischen Kasernen und Dienststellen zu finden war. In einer Wohnung in Linz wurde dieses Papier dann geprüft und ausgewertet. Wenn also zum Beispiel irgendeine Maruschka ihrem Mann einen Feldpostbrief schrieb und darin erwähnte, daß sie in einer neuerbauten

Traktorenfabrik irgendwo in Wischinorschowgrad arbeiten müsse, bekamen die Amis einen Geheimbericht. »Unser Mann in Wischinorschowgrad« berichtete dann über eine neuerbaute Fabrik zur Panzerherstellung. Die Amis bezahlten dem Urban für dieses gar nicht existierende Geheimdienstnetz horrende Beträge in Dollar.

Meine Erkenntnisse berichtete ich dem Sicherheitsdirektor. Er lächelte milde. »Wir sagen den Amis nichts davon«, entschied er.

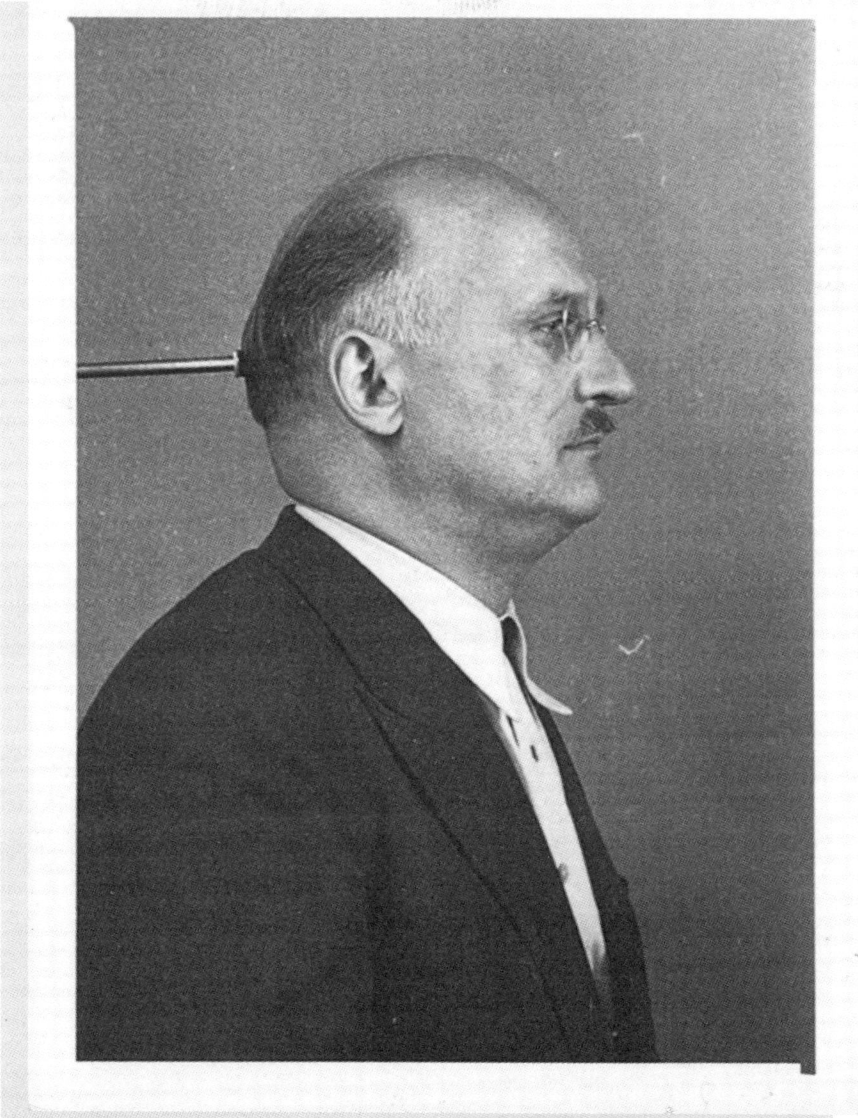

Josef Urban

Im Namen der Republik

Kurz vor Weihnachten ruft mich der Sicherheitsdirektor wieder. Ich soll mit einem Kollegen nach Altaussee fahren. Es lebt dort eine Frau Vera Liebl mit Kind, sie ist die Gattin eines gesuchten Kriegsverbrechers, Adolf Eichmann. Ich höre den Namen zum ersten Mal. Unser Chef meint, daß der Eichmann eventuell zu Weihnachten seine Familie besuchen könnte, dann sollten wir ihn festnehmen. Die Wahl fiel auf uns, weil wir die jüngsten waren, keine Familie hatten. Die Älteren wollten halt lieber das Fest daheim verbringen. Wir fuhren ins Ausseerland.

Langweilige Angelegenheit. Von Eichmann keine Spur, die Feiertage vergehen. Wir sollen auch übers Neujahr bleiben, das macht uns grantig. Denn Weihnachten war uns egal, aber Silvester hätten wir gern mit Freundinnen in Linz gefeiert. »Laß dir was einfallen«, plagt mich mein Freund. Mir fällt nichts ein.

Der Bub des Eichmann, damals etwa sechs Jahre alt, geht an einem Feiertag zur Kirche. »Na, Burschi«, rede ich ihn an, »gehst in die Kirche?« Er antwortet brav. »Und deine Mutti?« frage ich. »Geht die nicht?« »Die muß kochen, hat keine Zeit«, erklärt er mir. »Na, und dein Vati?« bohre ich weiter. »Der ist weit weg, über dem Meer. Aber wir fahren bald zu ihm. Dort darf ich dann Pony reiten«, plaudert der Bub.

Ich telefoniere mit dem Sicherheitsdirektor. Von dem Buben berichte ich nichts, sage lediglich allgemein, daß »nach allen unseren Ermittlungen dieser Adolf Eichmann bereits in Südamerika ist und seine Familie bald nachfahren wird«. Wir dürfen heimfahren, der Zweck ist erreicht, und wir feiern Silvester in Linz. Natürlich müssen wir dann einen Bericht schreiben, auch in diesem erwähne ich den Buben nicht, sondern berichte nur allgemein über unsere angeblichen Beobachtungen.

Ich erlaube mir nun einen zeitlichen Sprung in das Jahr 1961. Im Radio höre ich, daß der israelische Geheimdienst den Eichmann in Argentinien entführt und nach Israel gebracht hat. Ich erinnere mich an Altaussee, denk mir aber nichts dabei. Einige Tage später ruft mich der Sicherheitsdirektor. Ich soll sofort nach Wien fahren und mich beim Innenminister melden. Den Grund weiß er auch nicht. Beunruhigt fahre ich nach Wien ins Ministerium.

Der Innenminister war damals »Beppo« Afritsch, ein dicker, gemütlicher Wiener. »Horchen S' zua, Herr Inspekta«, sagt er und legt einen dicken Akt auf den Tisch, »das ist der Akt Adolf Eichmann, steht lauta Bledsinn drin. Nur Ihr Bericht aus 1948 stimmt. Und jetzt passen S' auf, ich brauch von Ihnen einen Bericht, daß der Eichmann deutscher Staatsbürger ist und nicht Österreicher. Weil die ganzen jüdischen Hinterbliebenen-Verbände schließen sich dem Verfahren als Privatbeteiligte an, fordern finanzielle Wiedergutmachung. Wenn er Österreicher ist, kostet uns das Millionen. Machen S', was S' wolln, aber er muß Deutscher sein.«

Ich bin optimistisch. Ich weiß aus dem Akt, daß der Vater Adolf Eichmanns ursprünglich Deutscher war. Irgend ein Dokument, ein Schulzeugnis von Adolf oder so etwas hoffe ich zu finden, wo unter Staatsbürgerschaft »deutsch« angegeben ist. Die Familie lebte in Linz. Ich fahre zurück und suche.

Es findet sich nichts. Überall steht »Österreich« und »Österreicher«. Dann habe ich, wie sich nachher herausstellte, eine gute Idee. Ich lese im Gauakt, daß Adolf Eichmann als illegaler Nazi schon 1936 nach Deutschland ging, dort der »Legion Ostmark« beitrat. Das war eine militärische Einheit. Nach unserem Staatsbürgerschaftsgesetz verliert jeder Österreicher automatisch die Staatsbürgerschaft, der einer ausländischen militärischen Organisation beitritt. So ist das noch heute mit den Österreichern bei der französischen Fremdenlegion. Ich kopiere also die Stellen im Gauakt und im Gesetz, mache meinen Bericht. Eine Woche später muß ich wieder zum Minister.

»Das haben S' g'scheit g'macht«, sagt der Afritsch. »Im Ministerrat sind's auch froh.« Dann gibt er mir eine Geldprämie, mein Herz schlägt höher.

»Der Ministerrat hat beschlossen«, höre ich dann den Afritsch, »daß wir zwei Beobachter zum Eichmann-Prozeß schicken müssen. Wollen S' fahren?«

Ich will.

Zwei Wochen später bin ich in Jerusalem. Der Prozeß dauert fünf Monate. Ich berichte täglich alle Österreich betreffenden Vorkommnisse, liefere in unserer Botschaft in Tel Aviv meine Berichte ab. Zwei Dinge werde ich mein Leben lang nicht vergessen:

Erstens: Auch die BRD hatte eine Beobachterdelegation in Jerusalem, ein Dutzend Juristen, Sekretärinnen etc. Chef der Delegation war ein Baron von Preuschen, ein Verwandter des damaligen Außenministers von Brentano. Wie die Österreicher vorausgesehen hatten, müssen die Westdeutschen horrende Beträge an Wiedergutmachung bezahlen. In diesen fünf Monaten kamen wir mit den deutschen Delegierten oft bei Parties und Einladungen zusammen. Und wenn der von Preuschen ein paar Gläser Bier oder Schnaps getrunken hatte, fluchte er jedesmal: »Wenn ich den Kerl erwische, der uns den Adolf Eichmann als deutschen Staatsbürger untergejubelt hat, der kann von mir was erleben!«

Meine Unschuldsmiene war bühnenreif.

Zweitens: Weniger lustig ist meine zweite Erinnerung. Der gute Eichmann rechtfertigt sich ständig damit, daß er sich ohnehin lieber an die Front gemeldet hätte, aber leider war er im RSHA, Amt 4 B 4, unabkömmlich. Das bringt mich in Rage. Er und seine Mitarbeiter hatten den ganzen Krieg keinen Hunger, hörten keinen Schuß, führten ein herrliches Leben und waren ängstlich darauf bedacht, durch ihre Berichterstattung über die Judenvernichtung bei Himmler und Hitler gut dazustehen. Als es bei der Verhandlung wieder einmal soweit ist, halt ich's nicht mehr aus, verlasse den Saal und trinke einen Schnaps in der Kantine. Englische Journalisten haben mich beobachtet, fragen nach dem »Warum«, und ich erkläre es ihnen. Tage später werde ich in britischen Zeitungen zitiert. Unser Botschafter in Tel Aviv rügt mich und läßt mir sagen, ich hätte keine Äußerungen zu machen. Er mochte mich von Anfang an nicht, der Herr Diplomat. Dies beruhte aber ganz auf Gegenseitigkeit.

REPUBLIK ÖSTERREICH
BUNDESMINISTERIUM FÜR INNERES
GENERALDIREKTION
FÜR DIE ÖFFENTLICHE SICHERHEIT

Zahl: 61.147 - 3/62

An Herrn

Leo MAIER,
Kriminalrevierinspektor,

LINZ.

Das Bundesministerium für Inneres spricht Ihnen für Ihre Tätigkeit als Beobachter der österreichischen Bundesregierung beim Prozess gegen den ehemaligen SS - Obersturmbannführer Adolf Eichmann in Jerusalem und für Ihre in diesem Zusammenhang bewiesene Initiative, Umsicht und den erzielten Erfolg die belobende Anerkennung aus.

Gleichzeitig wird Ihnen gemäss § 20, Absatz 1, des Gehaltsgesetzes 1956 eine einmalige Belohnung in der Höhe von

S 900.- (Schilling neunhundert)

zuerkannt.

2.Februar 1962.
Der Bundesminister :

Die Observierung

Zurück in das Jahr 1950. Das Griechische Königspaar macht Urlaub in einem Jagdschloß in Grünau bei Gmunden. Die Sicherheitsdirektion ist für die Sicherheit der Majestäten verantwortlich. Es stellt sich heraus, daß deren persönlicher Adjutant – ein griechischer Admiral – nur englisch spricht. Also muß ich als so eine Art Verbindungsmann und Dolmetscher nach Grünau.

König Paul und Königin Friederike haben ja deutsch als Muttersprache, auch der etwa zehnjährige Prinz Konstantin spricht deutsch. Gleich am zweiten Tag gibt's ein Problem. Ich sitze mit dem Admiral vor dem Schlößchen, wir spielen Schach. Der Konstantin spielt mit einem Ball, kickt ihn an die Hauswand. Jedes Mal, wenn der Ball zu uns rollt und der Bub ihn holt, steht der Admiral auf und nimmt Haltung an. Das ist spanisches Hofzeremoniell, erklärt er mir, das müsse so sein. Mich stört das beim Schachspiel, und ich sage zu dem Kleinen etwa: »Geh Bürscherl, schleich dich da weg und spiel dich hinterm Haus.« Er verschwindet. Nervös will der Admiral wissen, was ich zu dem Prinzerl gesagt habe, ich erklär es ihm. Er wird bleich im Gesicht ob meiner Respektlosigkeit.

Königin Friederike macht uns Ärger. Das eigenwillige Frauenzimmer unternimmt mit ihrer Zofe Spaziergänge durch den Wald und dann in Gmunden. Dabei verlassen die Damen das Schlößl heimlich durch den Hinterausgang, sie will keine Eskorte. In Gmunden kommt es zu Aufläufen, weil doch jeder die Königin kennt. Die Kollegen vom Gendarmerieposten rufen uns wütend an, ob wir nur schlafen, fragen sie.

Die Zofe ist eine Schweizerin, hübsches Weib. Ich versuche es mit ihr, treuherzig erzähle ich ihr eine wilde, aber erlogene Geschichte. Ein gefährlicher Sexualattentäter triebe sich in der Gegend herum, sage ich ihr im Vertrauen. Und meine Sorgen schildere ich ihr, daß der Majestät im Wald etwas passieren könnte. Ob sie mir helfen will? Sie will. Wir vereinbaren ein Geheimsignal. Immer wenn sie sich davonschleichen, rückt die Zofe einen Blumenstock vom Fensterbrett auf die andere Seite. Wir können in Ruhe Karten spielen, das Fenster im Auge. Es funktionierte tadellos. Bewegte sich der Blumenstock, gingen wir den beiden nach. Die Friederike merkte nichts davon.

Bei einem dieser Waldspaziergänge sehe ich die Zofe bei einem dicken Baum stehen, sichtlich nervös. Wir nähern uns dem Baum, die Königin ist nicht zu sehen. Ich riskiere einen Blick hinter den Baum. Was ich sehe, müßte in die Geschichte Griechenlands eingehen: Ihre Majestät hockerlt da und verrichtet eine kleine Notdurft, ich erfreue mich an ihren weißen, wohlgeformten Arschbacken. Dann geht es weiter nach Gmunden. Mein Kollege und ich begrinsen den Vorfall als Dienstgeheimnis, wir berichten auch nichts davon. Trotzdem bekomme ich Wochen später eine belobende Anerkennung.

LANDESGENDARMERIEKOMMANDO FÜR

Oberösterreich.

E.Nr. 95 res/51.

A U S Z U G

aus der Standesverlautbarung Nr. 7 des Lgk.f.O.Ö.
vom 22.Juni 1951.

Gendarm Leo M a i e r war als Beamter der Erhebungsexpositur bei der Sicherheitsdirektion für Oberösterreich vom 15.1o. bis 25.1o.195o an= lässlich des Aufenthaltes des griechischen Königs= paares in Grünau zu dessen persönlichem Schutz eingesetzt.

Für die mit grosser Umsicht, besonderem Takt und sehr anerkennenswertem Geschick durchgeführte Dienstleistung wird er öffentlich belobt.

Für die Richtigkeit des Auszuges:
L i n z , am 22. Juni 1951.
Der Adjutant:

Koller, Obstlt.

An Herrn
Leo M a i e r ,
Gendarm
in
L i n z .

Ich beginne, Belobigungsdekrete zu sammeln, und Möglichkeiten hiezu gibt es genug. Einmal mehr beschwert sich der amerikanische Hochkommissar beim Sicherheitsdirektor: Immer mehr Besatzungssoldaten werden rauschgiftsüchtig, Marihuana-Zigaretten sind auf dem Schwarzmarkt, und die Militärpolizei kann die Herkunft dieses Zeugs nicht finden. Der Sicherheitsdirektor meint, ich würde sie finden.

Als erstes ersuche ich, bei den Befragungen der USAler zuhören zu dürfen. Rauh geht es zu bei diesen Verhören. Von Vernehmungstechnik haben die MPs keine Ahnung, das wird alles durch Prügeleien mit dem Holzknüppel ersetzt. Je lauter sie brüllen und je härter sie zudreschen, desto weniger erfahren sie.

Den Tascheninhalt der Arrestanten will ich sehen, ich studiere jeden Zettel. Rechnungen fallen mir auf, von einer bestimmten Bar in Linz. Ich kenne das Lokal und verbringe dort die nächsten Abende. Nicht nur Amis, viele Mädchen und auch Burschen verkehren dort, tanzen, sitzen zusammen, trinken.

Und rauchen.

Ich merke mir die Gesichter, bin freundlich zur Kellnerin. Sie wundert sich, als ich ihr in die Küche folge und um etwas bitte. Sie möge doch die gefüllten Aschenbecher eines bestimmten Tisches ausleeren, aber nicht in den Mistkübel, sondern in ein Papiersackerl, das ich ihr gebe. Ein ordentliches Trinkgeld bekommt sie auch. Mit den gesammelten Sackerln bin ich am nächsten Tag im Erkennungsamt in der Polizeidirektion. Die Zigarettenreste werden untersucht. Rauschgiftreste werden gefunden.

Marihuana.

Was folgt, ist reine Routineangelegenheit.

In einem Großeinsatz räumen wir die Bude aus, beschlagnahmen eine Menge Marihuana, die österreichischen Häftlinge knüpfe ich mir vor, Geständnisse gibt es haufenweise. Das Suchtgift kommt aus Texas, die Dealer sind Amis, und die MP wird durch Experten vom FBI verstärkt. Die FBI-Beamten bedanken sich beim Sicherheitsdirektor, loben unsere Arbeit. Der Sicherheitsdirektor belobt uns. Schriftlich.

LANDESGENDARMERIEKOMMANDO FÜR

O b e r ö s t e r r e i c h

E.Nr. 64 res/49.

BELOBUNGSZEUGNIS

In Anerkennung Ihrer mit großer Ausdauer, Fleiß und besonderer Findigkeit bewirkten Ausforschung und Überweisung einer weitverzweigten, sich über mehrere Länder erstreckenden Suchtgiftbande, wodurch es gelang, mehrere Mitglieder dieser Bande festzunehmen, eine große Menge von Suchtgiften sicherzustellen und die Organisation dieser Bande zu zerschlagen, werden Sie mit diesem Belobungszeugnis ausgezeichnet.

Linz, am 8.Juli 1949.

Der Landesgendarmeriekommandant:

An Herrn
Gendarm
Leo M a i e r ,
eingeteilt bei der Gend.Erheb.Exp.
der Sicherheitsdirektion f.O.Ö.
in
L i n z .

LANDESGENDARMERIEKOMMANDO FÜR

O b e r ö s t e r r e i c h

E.Nr. 12 res/5o.

BELOBUNGSZEUGNIS

In Anerkennung Ihrer mit großer Aus= dauer , Fleiß und besonderer Findigkeit be= wirkten Ausforschung und Überweisung einer Suchtgiftbande, wodurch es gelang, die Mit= glieder dieser Bande festzunehmen, eine größere Menge Suchtgift im Gesamtwerte von ca S 2o.ooo sicherzustellen und eine weit= verzweigte Suchtgiftzentrale, die schon län= gere Zeit in mehreren Bundesländern ihr Un= wesen trieb, unschädlich zu machen,
werden Sie mit diesem Belobungszeugnis aus= gezeichnet.

Linz, am 2o.Jänner 195o.

Rep. Österreich Landesgendarmeriekommando f. O.Ö. Linz

Der Landesgendarmeriekommandant:

An Herrn
Leo M a i e r
Gendarm
in
L i n z /Donau.

Frühjahr 1953

Das Milieu

Es war in dieser Zeit, als ich den Diplomingenieur Simon Wiesenthal kennenlernte. Der Mann war damals relativ unbekannt, zu Weltruhm kam er erst viel später. In Linz hatte er ein kleines Büro, über Auftrag des Sicherheitsdirektors mußte ich ihn fallweise dort besuchen und Berichte von ihm entgegennehmen. Meine Kollegen pflanzten mich deswegen. »Mußt du wieder für den Juden Botengänge machen?« fragten sie mich hämisch. Ich hatte mit diesen Dingen auch keine Freude und war dem Wiesenthal gegenüber betont förmlich. Manchmal lud er mich in seinem Büro auf einen Kaffee ein, ich lehnte jedes Mal ab. Meine Zurückhaltung blieb ihm nicht verborgen. »Sie mögen mich nicht«, sagte er eines Tages zu mir, »warum nicht?«

Ich war ein wenig verlegen, wußte nicht, was ich antworten sollte.

Mein Vater fiel mir ein. »Sehen Sie, Herr Ingenieur«, sage ich, »Sie gelten als Nazijäger. Mein Vater wurde 1938 auch ein Nazi. Und mein Vater war Zeit seines Lebens ein anständiger Mensch.«

Sein Gesicht wurde traurig. »Ich weiß«, sagt er, »man nennt mich Nazijäger. Das ist falsch. Ich jage keine Nazis, nur Kriegsverbrecher. Und es gab hunderttausende anständige Nazis wie Ihren Vater. Sagen Sie ihm einen Gruß von mir.«

Ein wenig irritiert verabschiede ich mich. Mein Vater lebte damals in Braunau, arbeitete in den Vereinigten Aluminiumwerken Ranshofen. Bei meinem nächsten Besuch richte ich ihm den Gruß des Wiesenthal aus. »Der Saujud soll mich am Arsch lecken«, war seine einzige Reaktion.

Im Laufe der nächsten Jahre habe ich diesen Menschen Wiesenthal näher kennen und achten gelernt. Er ist einer der anständigsten, gescheitesten, mutigsten und humorvollsten Menschen, die ich je getroffen habe. Wo immer ich diese Überzeugung in Bekanntenkreisen äußere, werde ich angefeindet oder belächelt. Je nachdem. Das ist sein Schicksal in Österreich. Bei uns ist er der »Nazijäger« geblieben.

Ich sagte »mutig« – mir fällt ein:

In Kreisen der »ehemaligen« Nazis hält sich das Gerücht, daß ein Attentat auf ihn geplant ist. Ich mache ihn darauf aufmerksam, rate ihm zu Schutzvorkehrungen und zum Kauf einer Pistole zur Selbstverteidigung. Er lächelt nur: »Sollen sie mich umbringen«, sagt er, »mein Blut soll über sie kommen.« Das ist alles.

Ich sagte »humorvoll« – mir fällt ein:

Er erzählte mir Judenwitze, jeder andere wäre dabei in Verdacht geraten, ein Neonazi zu sein. An einen dieser Witze erinnere ich mich:

In einem Wiener Kaffeehaus sitzen zwei Juden. Einer

fragt: »Was ist eigentlich mit dem Blau geworden? Hat er die Nazizeit überlebt?« Der andere antwortet: »Gott der Gerechte, der Blau! Die Nazis! Sie haben ihm die Augen ausgestochen, die Nase abgeschnitten! Die Hände abgehackt, die Füße abgeschnitten! Aber, pssst, sag jetzt nix weiter, da kommt er gerade zur Tür hereinspaziert.«

In Urfahr lerne ich eine hübsche Blondine kennen, sie ist bei der Landesregierung angestellt, in der fremdenpolizeilichen Abteilung. Sie gesteht mir, daß sie von den Sowjets erpreßt werde und ihnen Informationen aus ihrem Amtsbereich liefern muß. Ich berichte permanent über alles, was der KGB von ihr wissen will. Eines Tages erzählt sie mir, daß die Iwans sie nun schulen, damit sie nach dem Abzug der Besatzung weiter arbeiten kann. Auch dieses berichte ich. Damals dachte noch niemand an einen Staatsvertrag.

Wochen später werde ich nach Wien gerufen, zum damaligen Chef der Staatspolizei, Ministerialrat Dr. Maximilian Pammer. Er eröffnet mir folgendes:

Tatsächlich gibt es Geheimverhandlungen zwischen unserer Regierung und den Besatzungsmächten über einen Staatsvertrag und den Abzug der Besatzungsmächte. Mein Bericht hat dazu beigetragen, daß unsere vorerst skeptischen Minister nun glauben, daß es die Russen auch ehrlich meinen. Und nun meine nächste Aufgabe:

Die Russen verlangen von uns eine beträchtliche Summe an Wiedergutmachung, sind aber bereit, den Entgang an Steuergeldern durch die USIA-Betriebe abziehen zu lassen. Die USIA ist eine sowjetische Verkaufskette mit vielen Betrieben und Geschäften in der russischen Besatzungszone. Auch in Urfahr gibt es mehrere dieser Verkaufsstellen.

Nun haben die Iwans eine Summe aller Jahresumsätze der USIA genannt, von der also die Steuersummen abgezogen werden dürfen. Unseren Experten ist aber diese von den Iwans bekanntgegebene Summe viel zu niedrig. Ich soll beweiskräftig feststellen, wie hoch sie tatsächlich ist.

Ich kenne in Urfahr eine Filialleiterin der USIA. Eine Kommunistin, aber auch überzeugte Österreicherin. Ich rede mit ihr. Sie kann mir alle Jahresumsätze der USIA im Mühlviertel sagen, ich fotografiere die entsprechenden Akte, liefere sie bei Dr. Pammer ab. Das Mühlviertel ist natürlich nur ein kleiner Teil des USIA-Bereiches. Aber man kann daraus auf den Gesamtbereich schließen.

Wochen später ruft mich die Hedy an – so hieß die USIA-Angestellte. Sie hat in der Zentrale in Wien zu tun, ob ich mitfahren will, vielleicht geht etwas.

Ich will natürlich.

Wir nehmen ein Hotelzimmer in der Nähe der Zentrale. Sie kommt und geht. Abends kommt sie mit einem Stehordner. Ich glaube zu träumen. Es sind die Gesamtabrechnungen der USIA für die ganze Besatzungszeit. Ich fotografiere eine halbe Stunde.

Meinen Bericht mit den Fotos als Beweis liefere ich persönlich bei Dr. Pammer ab. Ich bekomme anerkennende Worte und eine beträchtliche Geldprämie. Später erfahre ich von ihm, daß unser damaliger Außenminister Figl den Russen diese Fotos vorlegte, unsere finanziellen Abzüge erhöhten sich zigfach. Und das ist typisch russisch: Sie akzeptierten diesen unseren Geheimdienstbericht, ohne zu fragen, woher und auf welche Weise wir zu den Unterlagen gekommen sind.

Mein Pate

Nach dem Abzug der Besatzungsmächte änderte sich unsere Arbeit spontan und grundlegend. Mein Chef, Sicherheitsdirektor Dr. Josef Rossmanith, wurde nach Wien ins Innenministerium berufen und zum Leiter der gesamten Staatspolizei ernannt. Ich habe diesen Mann immer bewundert und viel von ihm gelernt. Sein Lebenslauf war ein einziges Abenteuer. Aus ärmlichen Verhältnissen stammend, studierte er in Wien Jus, war Wachmann bei der Wiener Polizei und kam noch vor 1938 zur Staatspolizei, wo er naturgemäß gegen die verbotene NSDAP arbeiten mußte. Dies brachte ihm nach dem Anschluß Haft und Einlieferung in das KZ Dachau ein. Nach einem halben Jahr wurde er entlassen, wurde Infanterist und kam an die Ostfront, geriet in russische Gefangenschaft. Bei Kriegsende war er in einem Arbeitslager in Sibirien. Die Russen ließen ihn dann den sogenannten »Antifa-Eid« schwören, eine Verpflichtung, immer und überall den sowjetischen Geheimdienst zu unterstützen. Er schwor diesen Eid, um früher entlassen zu werden. Wieder in Österreich vertraute er sich dem damaligen Außenminister Figl an. Es dauerte nicht lange und die

Russen meldeten sich bei ihm, versuchten ihn, zur Mitarbeit zu erpressen. Er flüchtete in die westliche Zone, nach Linz. Im täglichen Umgang mit Menschen gab er sich betont leutselig, immer zu Scherzen aufgelegt. Wegen seiner jovialen Art hielten ihn viele Ministerialbeamte für oberflächlich und nicht sehr gescheit. Ich wußte es besser. Er hatte mehr Verstand als alle seine Kritiker zusammen.

Ich war in seinem Büro, als sich ein junger Jurist bei ihm zum Dienstantritt meldete. Dr. Rossmanith stellte ihm zwei Fragen. »Haben Sie Ihren Dienstausweis? Kennen Sie die Dienstvorschrift?« Der Konzeptbeamte bejahte beides. »Dann legen Sie den Ausweis in die Tischlade und vergessen Sie die Dienstvorschrift. Nur dann werden Sie ein guter Staatspolizist.«

Auch nach seiner Beförderung und Versetzung ins Ministerium bestand er darauf, daß ich weiterhin für ihn arbeite. Das brachte mir viele Vorteile. Ich mußte keinen Dienstweg und keine Dienstzeiten einhalten. Er verschaffte mir in Wien eine kleine Wohnung, in der ich unter falschem Namen und mit völlig anderer Identität wohnte. Eine »KW« nennt man das in Fachkreisen, »Konspirative Wohnung«. Ich hieß dort also Peter Brucker und war Journalist, freier Mitarbeiter einer französischen Zeitung, »La Liberté«. Auch einen entsprechenden Presseausweis besorgte mir der Ministerialrat.

Einen Mitarbeiter hatte ich damals, einen Freund, den Otto. Wir ergänzten uns perfekt. Alles, was ich nicht konnte, beherrschte er. Das waren hauptsächlich technische Dinge. Er konnte jeden Brief ohne Spuren öffnen und wieder schließen, er fotografierte erstklassig unter schlechte-

(La Liberté)

Signature du titulaire

Rédaction et Administration
13, rue de Lancry, Paris (10e)
Téléphone : NORD 29-05

CARTE DE PRESSE

M P. MAIER-BRUCKER

est attaché au journal HEROUTH

(La Liberté) en qualité de

correspondant en Autriche

Le Directeur

Les Autorités sont priées de lui faciliter dans la mesure du possible, l'exercice de ses fonctions.

Paris, le 15.XII. 1960

Valable jusqu'au 31.XII. 1961

Der „Presseausweis"

sten Bedingungen, und er konnte jedes Schloß auf- und wieder zusperren.

Natürlich hatten wir in der Kollegenschaft zunehmend Neider, wie das so ist im Leben. Die lieben Kollegen wußten ja nicht, was wir arbeiteten, sahen nur, daß wir ständig im In- und Ausland unterwegs waren, hohe Reiserechnungen legten und oft Sonderprämien bekamen. Wir kümmerten uns nicht darum. Erst viel später mußten wir für unsere Sonderstellung und Überheblichkeit arg büßen. Aber das war Jahre später und hatte mehrere Ursachen, das war im Jahre 1967.

Unsere Hauptaufgabe damals war es, die Tätigkeit der verschiedenen Geheimdienste in Österreich vertraulich zu kontrollieren und darüber dem Rossmanith zu berichten. »Es ist wohl unser legitimes Recht, zu wissen, was diese Scheiß-Geheimdienstler in unserem Land machen«, war seine stehende Redewendung. Ich nahm diese Aufgabe anfangs sehr ernst, erst im Laufe der Zeit kam ich mehr und mehr zur Überzeugung, daß 90 Prozent dieser Geheimdiensttätigkeit blanker Unsinn, überflüssiges Getue waren. In seinem Roman »Unser Mann in Havanna« hat Graham Greene ein sehr treffendes Vorwort geschrieben. Graham Greene war während des Zweiten Weltkrieges im amerikanischen Geheimdienst, er wußte also Bescheid.

Zitat: »Jedes Volk, jeder Stand, jede Berufsgruppe hat seinen gerechten Anteil an den Idioten dieser Welt. Ich werde aber niemals begreifen, wieso ausgerechnet in den Geheimdiensten so viele davon sind.«

Nun, ich begann zu begreifen. In einem Geheimdienst ist eben alles geheim. Diese Atmosphäre ist ein erstklassiger

Nährboden für Wichtigtuer und Ignoranten. Es fehlt irgendwie die Kontrolle der Leistung, weil ja keiner weiß, was der andere tut. Da gibt es Typen, die außer Geheimnistuerei überhaupt nichts tun. Auch in der Österreichischen Staatspolizei. In jeder anderen Sparte ist man ohne Erfolge ja bald entsprechend klassifiziert. Der Erfolg der Arbeit bleibt im Geheimdienst eben allen geheim. Das Symbol der Spionage fällt mir ein, jene drei Affen, die Augen, Ohren und Mund zuhalten. »Nichts sehen, nichts hören, nichts sprechen.« Der Dr. Rossmanith hatte diese drei Symbolaffen als Briefbeschwerer am Schreibtisch stehen. »Gescheite Viecher«, grinste er manchmal.

Manche der gesammelten Informationen wurden dem jeweiligen Innenminister zur Kenntnis gebracht. Welche das waren, entschied der Stapo-Chef. Ich wußte, daß Dr. Rossmanith diese Berichte dem Minister ohne Quellenangaben vorlegte. »Minister sind Politiker«, begründete er dies, »und Politiker reden viel, das gefährdet die Vertrauensperson.« Sicherlich ein vernünftiger Standpunkt. – Dann wurde Franz Olah Innenminister, und in der Folge überstürzten sich die Ereignisse, von denen letztlich auch ich arg getroffen wurde.

Minister Olah bestand darauf, über die Herkunft dieser Informationen Bescheid zu bekommen. Rossmanith weigerte sich. Die beiden begannen einen wütenden Streit, ich war einmal Zeuge einer solchen Auseinandersetzung. Olah brüllte und tobte, Rossmanith antwortete stets ruhig: »Du hast es leicht. Du bist wer, und du kannst was.« Das ging so fort bis Olah schrie: »Ja wer bin ich denn schon und was kann ich denn?« Rossmaniths Antwort: »Du bist ein Trottel und kannst mich am Arsch lecken.«

Informationsaustausch

Unter Verdacht

In einer Nacht-und-Nebel-Aktion wurde Rossmanith als Stapo-Chef abgelöst und in eine andere Abteilung versetzt. Er hatte damit gerechnet. Als Staatssekretär Dr. Stefani über Auftrag Olahs die Quellenbeschreibungen im Tresor Rossmaniths suchte, fand er nur Rätselheftchen und Märchenbücher. Der alte Ross hatte die Akten vernichtet. Ich wußte davon.

Neuer Stapo-Chef wurde Hofrat Dr. Straka, vormals Sicherheitsdirektor in Kärnten. In eingeweihten Kreisen schlug diese Nachricht wie eine Bombe ein.

Dr. Straka war während des Krieges aus politischen Gründen in englischer Emigration und hatte in London beim britischen Geheimdienst gearbeitet. Mir erzählte ein englischer Nachrichtenmann mit diplomatischem Status in Wien, daß Straka in London eng mit Kim Philby zusammengearbeitet hatte, mit ihm befreundet war. Kim Philby war nun nach Burgess und Mac Lean als russischer Agent enttarnt worden und nach Moskau geflüchtet. Die Weltpresse war voll davon, und inzwischen gibt es eine spezielle Literatur über diese Geheimdienst-Sensation.

Es dauerte auch nicht lange und Dr. Straka ließ mich rufen, wollte eine Menge Einzelheiten von mir über meine Informationsbeschaffung wissen. Ich war sehr zurückhaltend, traute ihm nicht. Das hat er wohl gemerkt. Nach diesem Gespräch vertraute ich mich einem Referenten im Ministerium an, dem Dr. Hlubucek. Er wollte mich beruhigen, erzählte mir, daß Dr. Straka dem Minister das Ehrenwort gegeben habe, den Kim Philby gar nicht zu kennen, ihn in London nie getroffen zu haben. Ich glaubte das nicht. Mein Bekannter, der Diplomat, mußte es wohl besser wissen. Dann begann ich – nach Rossmanithscher Methode – den Lebenslauf dieses Kim Philby zu studieren.

Es stellte sich heraus, daß Philby bereits 1934 in Wien von den Russen rekrutiert worden war. Philby war damals als Journalist in Österreich und bei der Februarrevolte der Sozialisten und Kommunisten für letztere aktiv. Eine Wiener Jüdin, Litzi Friedmann, wurde seine erste Frau. Eine reine Zweckheirat, die Friedmann wurde nämlich von der Polizei gesucht, durch die Heirat wurde sie britische Staatsbürgerin, bekam einen englischen Paß und konnte ungehindert ausreisen. Dann hatte ich eine gute Idee, die mir aber später zum Verhängnis werden sollte.

Ich ging ins Standesamt des Magistrates Wien und suchte dort die Kopie der Heiratsurkunde des Kim Philby. Und wurde fündig: Als einer der Trauzeugen hatte Dr. Straka unterschrieben. Ich kopierte die Urkunde.

Dann machte ich einen Fehler. Ich berichtete dem Dr. Hlubucek davon, gab ihm die Kopie. Was ich nicht vorausgesehen habe, war, daß Dr. Hlubucek damit zum Minister ging, der wiederum dem Dr. Straka Vorhalte machte, und daß der Dr. Straka auch erfuhr, daß ich über ihn ermittelt hatte. Die Konsequenzen waren für mich schlimm.

Es ist eine alte Gepflogenheit in den Geheimdiensten, einen mißliebigen Mitarbeiter einfach verdächtig zu machen und ihn so auszuschalten. Dr. Straka machte das mit mir. – Lange Zeit merkte ich nichts davon.

Mein Problem mit Dr. Straka erledigte sich von selbst. Er verstarb plötzlich, ein Herzinfarkt war die Ursache, hörte man. Ob er mit Kim Philby in Moskau Kontakte gehabt hatte, wurde nie geklärt. Dieses Geheimnis nahm er mit ins Grab. An seinem Begräbnis nahm ich nicht teil, ich hielt auch keine Trauerfeier ab …

Eines Tages im Jänner 1967 wurde ich ins Ministerium gerufen. Ich erwartete wieder einmal einen Spezialauftrag, das war aber nicht der Fall. Mit ernsten Gesichtern empfingen mich Dr. Hlubucek und ein zweiter Ministerialbeamter, führten mich in ein Bürozimmer. Dann eröffnete man mir:

Seit geraumer Zeit werde ich verdächtigt, Spionage zu Gunsten einiger ausländischer Geheimdienste zu betreiben. Der Innenminister hatte eine strenge Untersuchung angeordnet.

Ich glaubte, zu träumen, konnte das Ganze anfangs gar nicht ernstnehmen. Doch es war ernst. Bitterer Ernst.

Innenminister war damals Dr. Hetzenauer, ein Vorarlberger Jurist in der damaligen ÖVP-Alleinregierung. Von den Praktiken der Staatspolizei hatte der Mann natürlich keine Ahnung und war hellauf entsetzt, als er die von Dr. Straka über mich angelegten Akte gelesen hatte.

Die Befragung dauerte mehrere Tage, und die Atmosphäre wurde zunehmend freundlicher. Ich konnte ja alles klären, berief mich immer wieder auf Dr. Rossmanith, und es wurde aber auch schon gar nichts gefunden, was mir hätte angelastet werden können. Dr. Hlubucek hatte eine lange Liste von Verdachtsmomenten, und einen muß ich nun schildern, weil eben im Leben auch die ernstesten Dinge ihre heiteren Seiten haben.

Bei der eingangs geschilderten Aufdeckung eines ostdeutschen Wirtschafts-Spionageringes in Österreich ist es mir gelungen, die Hauptfigur, einen Hauptmann des MfS, »umzudrehen«. So nennt man es in der Fachsprache, wenn man einen Gegner für sich gewinnen kann. Unabhängig von dem Gerichtsakt bekam ich von ihm eine Menge Informationen über Personal, Gepflogenheiten, Arbeitsweise etc. des MfS, des Ministeriums für Staatssicherheit. Ich schickte das alles ins Innenministerium, und dort wurden diese Erkenntnisse wie üblich den sogenannten »befreundeten Diensten« zur Kenntnis gebracht. Nun waren insbesondere die Westdeutschen und die Engländer ganz heiß auf dieses Material, und ich bekam vom Ministerium täglich ganze Listen von Fragen, die ich dem Hauptmann stellen und die Antworten nach Wien hätte schicken sollen. Das bedeutete für mich eine Menge Arbeit, und ich fand einen Weg, diese zu verkürzen.

Der Hauptmann war im Gefangenenhaus der PD Linz untergebracht. Von dort holte ich ihn mir jeden Abend, ging mit ihm zweimal um die Ecke in ein Gastlokal und dort ins Extrazimmer. Ungestört gab ich ihm die Fragelisten und einen Schreibblock mit Kugelschreiber und ersuchte ihn, bis zum nächsten Tag die Antworten leserlich niederzuschreiben.

Ich hatte damals eine tüchtige Sekretärin, die das Geschreibsel dann in die üblichen Aktenformen brachte, und ich ersparte mir eine Menge Arbeit. Natürlich lud ich den Hauptmann dort auch zum Abendessen ein, denn im Gefangenenhaus ist die Kost ja nicht üppig. Auch ein paar Gläser Wein bekam er zu trinken. Das ging Tage so dahin. Was ich nicht wissen konnte, war, daß sich die Wachleute im Gefängnis recht wunderten: »Da kommt doch der Maier jeden Abend und holt den Oberspion heraus, und wenn er ihn zurückbringt, hat der Oberspion einen leichten Rausch.« Aus dieser Tratscherei wurde ein Verdacht. Man meinte, ich wollte mit dem Hauptmann konspirieren und ihm aus Sympathie die Haft erleichtern. Niemand hat mich ja über das »Warum« dieser Ausflüge gefragt. Als ich das dem Dr. Hlubucek erklärte, war das Gelächter laut und anhaltend. Und in den Hausakten fanden sich ja die Beweise meiner Angaben, die handgeschriebenen Antworten des MfS-Hauptmannes.

Als wir alle schon die Sache für erledigt hielten und glaubten, auch der Minister werde sich beruhigen, geschah Unvorhergesehenes: Am 13. Jänner 1967 veröffentlichte die Arbeiterzeitung, Zentralorgan der SPÖ, auf der Titelseite einen Artikel mit der Überschrift »SPIONAGESKANDAL – STRENG GEHEIM – Zwei Beamte der Sicherheitsdirektion Agenten – Super James Bond überführt –«.

Mit dem Super James Bond war ich gemeint.

In Österreich kann es offenbar nichts geben, wo nicht die politischen Parteien Vorteile herausschinden oder anderen Parteien Schaden zufügen wollen. Nur so erklärt sich diese SPÖ-Aktion. Die innenpolitischen Auswirkungen dieses

Artikels waren eine parlamentarische Anfrage der FPÖ, zwei amtliche Aussendungen des Bundesministerium für Inneres, die Behandlung dieses Themas im Rahmen einer parlamentarischen Fragestunde und nicht zuletzt eine Fülle von gegenständlichen Beifügungen in- und ausländischer Zeitungen.

Der Beweis

Innenminister Hetzenauer hatte wieder die Hosen gestrichen voll und versetzte mich »aus dienstlichen Gründen« zur Polizeidirektion Wien, ich wurde Leitender Kriminalbeamter am Kommissariat 12, Meidling. Wenn ich heute daran denke, mit welchen Gefühlen die Meidlinger Kriminalbeamten ihren neuen Chef, den »Super James Bond«, aufnahmen, bekomme ich heute noch Kopfweh. Ich versuche mich zu erinnern, krame in alten Unterlagen und finde einen »streng vertraulichen« Akt, aus dem die politischen Intrigen im Bereiche des Falles zu ersehen sind. Dieser Bericht vom 20. Juni 1967 liegt bei, ich erspare mir nähere Schilderungen.

STRENG VERTRAULICH

20. Juni 1967

Am 13. Jänner 1967 hat das Zentralorgan der SPÖ, die Arbeiter-Zeitung, auf der Titelseite einen Artikel mit der Überschrift »Linz: Spionage-Skandal – STRENG GEHEIM – Zwei Beamte der Sicherheitsdirektion Agenten – Super-James-Bond überführt« veröffentlicht. Die innenpolitischen Auswirkungen dieses Artikels waren:

– Eine parlamentarische Anfrage der FPÖ
– Zwei amtliche Aussendungen des BMfI
– Behandlung dieses Themas im Rahmen einer parlamentarischen Fragestunde
– Eine Fülle von gegenständlichen Beifügungen in- und ausländischer Zeitungen

Auf die dienstlichen und persönlichen Folgen, welche die gegenständliche Angelegenheit für die österreichische Staatspolizei im allgemeinen und für die beiden im Mittelpunkt stehenden Kriminalbeamten im besonderen hatte, soll in der Folge nicht näher eingegangen werden. Es sollen lediglich die parteipolitischen Aspekte eine Aufzählung finden.

Schon bald nach den ersten Veröffentlichungen hat ein Teil der ÖVP-Presse und einige unabhängige Zeitungen die AZ-Veröffentlichung heftig kritisiert und die SPÖ beschuldigt, unter Mißachtung staatspolitischer Interessen eine verantwortungslose Oppositionspolitik zu betreiben. (In der Anlage die Kopien von Zeitungsartikeln, die im wesentlichen symptomatisch für die Vielzahl der Pressemeldungen sind).

Besonders hingewiesen darf auf einen Artikel der Welser Zeitung vom 26. 1. 1967 werden, in dem unter der Überschrift »Oppositionspolitik auf dem Rücken der Beamten« scharf gegen die SPÖ Stellung genommen wird.

Der Herr Bundesminister für Inneres hat, angeblich, um jedwede Verdachtsmomente einer etwaigen Befangenheit des BMfI zu entkräften, mit der Angelegenheit die Staatsanwaltschaft Wien befaßt, die am 5. 4. 1967 diese formale Anzeige nach § 90 der Strafprozeßordnung (weil also die Anzeige »offenbar unzulässig oder unbegründet war«) zurückgelegt.

Ab diesem Zeitpunkt schrieben die Zeitungen einstimmig über eine eindeutige Rehabilitierung der beiden Beamten. Insbesondere die Oberösterreichischen Nachrichten gaben dem Sachverhalt breiten Raum (siehe beiliegenden Artikel vom 6. 4. 1967).

Im Express vom 9. 4. 1967 klang in einem Artikel sogar an, daß der Ausgangspunkt der AZ-Beschuldigungen eine Aktion eines östlichen Nachrichtendienstes gewesen sein könnte. (Überschrift: »Fäden aus dem Osten?«)

Im Echo der Heimat vom 14. 5. 1967 erschien der letzte gegenständliche Artikel unter der Überschrift »Agentenschicksal an der Donau«, welcher ebenfalls beigeschlossen ist. In diesem Artikel wurde unter anderem darauf hingewiesen, daß die tatsächlichen Ursachen des Angriffes der AZ vom 13. 1. 1967 wohl nie in die Öffentlichkeit gelangen würden.

Die Ursachen der AZ-Veröffentlichungen vom 13. 1. 1967 waren tatsächlich allen Beteiligten, eingeschlossen die damit befaßten Beamten des BMfI, unbekannt und unergründlich. Die ersten Vermutungen, daß es sich lediglich um eine Aktion im Rahmen der Oppositionspolitik gegen den ÖVP-Innenminister handeln könnte, erwiesen sich bald als unzutreffend, da die von der SPÖ kritisierten angeblichen Unzulänglichkeiten unter SPÖ-Innenministern ihren Ursprung hatten und dies den Sozialisten schon von Anfang an bekannt sein mußten.

Die der SPÖ nahestehenden und mit der gegenständlichen Angelegenheit befaßten Beamten (Sektionsrat Dr. Hlubucek und Dr. Rappl) waren zweifellos von der AZ-Veröffentlichung ebenso überrascht wie unangenehm berührt und erklärten bereits am nächsten Tage, daß sie parteiintern informiert worden waren, daß sowohl der ehemalige Innenminister Czettel als auch der ehemalige Justizminister Dr. Broda, die am Vorabend der AZ-Veröffentli-

chung kurz informiert wurden, vehement gegen diese geplante Veröffentlichung Stellung nahmen, daß der AZ-Journalist Jelinek zusammen mit Chefredakteur Kreuzer die Veröffentlichung dennoch durchsetzten und sich auf eine Weisung Dr. Pittermanns beriefen. Der Informant der AZ bzw. Dr. Pittermanns über den gesamten Sachverhalt war zunächst ebenfalls unbekannt. Er wurde schließlich in der Person des inzwischen in den Ruhestand versetzten ehemaligen Sektionschefs Franz Ruppertsberger festgestellt und zwar durch mehrere Hinweise:

- *Durch parteiinterne Mitteilungen an Dr. Hlubucek*
- *Durch parteiinterne Mitteilungen an den inzwischen verstorbenen SPÖ-Landessekretär OÖ Kramer, der, da die Angelegenheit oberösterreichische Interessen betrifft, sofort nach der Veröffentlichung in der Parteileitung Beschwerde führte und die Publikation als Bumerang bezeichnete.*
- *Durch zufällige persönliche Wahrnehmungen des Ing. Wiesenthal, der in einem Wiener Kaffeehaus (Bräunerhof) den Sektionschef Ruppertsberger mit dem AZ-Journalisten Jelinek im Gespräch beobachten konnte.*

Naturgemäß hatten alle Beteiligten, insbesondere die beiden dabei arg zu Schaden gekommenen Kriminalbeamten, ein primäres Interesse, die Ursachen der parteipolitischen Motive der SPÖ zu erfahren. Hiebei stellten sich nachstehende Tatsachen heraus:

Bereits im Herbst 1965 hat der Krim.Abt.Insp. Leo Maier im Zuge seiner Aufträge einen Bericht über die Person eines Dipl.-Kfm. Viktor Dernesch aus Wien, damals in der Verkaufsabteilung der VÖEST tätig gewesen, an das BMfI, Gruppe Staatspolizei, abgefaßt. Ursache dieses Berichtes war eine staatspolizeiliche Routine-Überprüfung von VÖEST-Angehörigen, nachdem von der Generaldirektion der VÖEST bei der Sicherheitsdirektion für das Bundesland Oberösterreich mehrmals wegen Werksspionage zugunsten von Ostblockstaaten Klage geführt worden war. Der Krim.Abt.Insp. Maier stellte damals fest, daß der inzwischen bei den VÖEST zu Einfluß gekommene Viktor Dernesch

- *ursprünglich aus Preßburg stammend, bereits 1948 mit tschechischen Nachrichtendiensten in Verbindung war und er nach alten Aufzeichnungen*
- *ca. 1949 wegen Menschenschmuggels in die CSSR kurzfristig in österreichischer Haft war und er des weiteren nach seiner Entlassung*
- *von einer Reihe von Flüchtlingen aus der CSSR belastet wurde, die angeblich seinetwegen in der CSSR zu Haftstrafen verurteilt worden waren und er aus diesen angegebenen Gründen schließlich*
- *damals von der Bundespolizeidirektion Wien Aufenthaltsverbot bekam, welches lediglich wegen der damaligen Besatzungsverhältnisse nicht vollstreckt werden konnte.*

Der Krim.Abt.Insp. Maier hielt damals im Gegenstand einen entsprechenden Vortrag bei dem Leiter der staatspolizeilichen Abteilung, Sektionsrat Dr. Pachernegg, der auftrug, die Sache intensiv weiterzuverfolgen und der damals vor allen Dingen Auftrag gab, festzustellen, wieso eben dieser Viktor Dernesch in der Zwischenzeit die österreichische Staatsbürgerschaft erlangen konnte und einen derartigen Posten bei den VÖEST zu erreichen im Stande war.

Der Krim.Abt.Insp. Maier stellte durch weitere Ermittlungen in der Folge fest:

- *Viktor Dernesch war während der Besatzungszeit Angehöriger der USIA*
- *Er kam auf besonderen Wunsch des Verkaufsdirektors Rudolf Lukesch in die VÖEST*
- *Er war durch seine Heirat mit der Tochter des SPÖ-Landtagsabgeordneten Sigmund (Bürgermeister von Gresten, NÖ) in den persönlichen Bekanntenkreis des Vizekanzlers Dr. Pittermann gelangt und genießt angeblich dessen Vertrauen und Freundschaft.*
- *Vizekanzler Dr. Pittermann hat bei dem Generaldirektor der VÖEST, Dr. Koller, bereits mehrmals interveniert, ob für Viktor Dernesch nicht ein Direktorposten bei den VÖEST freigemacht werden könnte.*

In dieser heiklen Phase der Ermittlungen hat Krim.Abt.Insp. Maier – wie in solchen Fällen üblich – dem Leiter der staatspolizeilichen Abteilung Dr. Pachernegg das Ergebnis vorerst mündlich berichtet und beigefügt, daß die Unterlagen des Staatsbürgerschaftsansuchens des Viktor Dernesch in Wien zu finden sein müßten. Dr. Pachernegg – Vertrauensmann der SPÖ im BMfI – war über diese Erhebungsresultate begreiflicherweise bestürzt und gab keine weiteren Aufträge, auch verlangte er keine schriftliche Berichterstattung. Er erklärte lediglich, daß Viktor Dernesch weiterhin im Auge behalten werden müßte. Weitere Aufträge im Gegenstande sind niemals erfolgt. Ob Dr. Pachernegg den Staatsbürgerschafts-Akt Dernesch (wie ihm Krim.Abt.Insp. Maier nahegelegt hat) tatsächlich ausgehoben hat und dabei feststellen konnte, ob und durch welche Intervention er die Staatsbürgerschaft erhalten hat, ist nicht bekannt.

Über den oben angeführten ehemaligen Verkaufsdirektor der

VÖEST, Lukesch, der inzwischen nach einem tragischen Autounfall verstorben ist, liegt bei der Sicherheitsdirektion für das Bundesland Oberösterreich ein ganzes Dossier von Informationen auf, das den Genannten in Verbindung mit östlichen Nachrichtendiensten bringt. Durch das Protegieren des Dernesch durch Lukesch wurde bei den mündlichen Berichterstattungen an Dr. Pachernegg auch der Komplex Lukesch erwähnt, und Dr. Pachernegg war seinerzeit über die gesamte Angelegenheit voll informiert.

In der ersten Hälfte 1966 erhielt Krim.Abt.Insp. Maier vom BMfI den Auftrag, über den Aufenthalt und die Person einer tschechischen Staatsbürgerin in Linz zu berichten. Es handelte sich angeblich nach Mitteilungen der österreichischen diplomatischen Mission in Prag um eine etwa 25jährige ehemalige Sekretärin einer tschechischen Behörde namens Prokesova Libusse, die, wie in der Anfrage ausgeführt war, unter bedenklichen Umständen die Ausreisegenehmigung nach Österreich erhalten hat. In Erfüllung dieses Auftrages wurde festgestellt, daß die Genannte als Dienstmädchen bei Verkaufsdirektor Lukesch in Linz tätig war und in seinem Haushalt wohnte. Dies wurde mit einem kurzen Hinweis auf die Vorberichte über Rudolf Lukesch im Juli 1966 an die Gruppe Staatspolizei des BMfI kommentarlos berichtet.

Angeblich wegen des Hinweises auf die Vorberichte über Rudolf Lukesch erhielt der damalige Leiter der staatspolizeilichen Abteilung bei der Sicherheitsdirektion für Oberösterreich Dr. Puffer von dem inzwischen zum Leiter der Gruppe Staatspolizei bestellten derzeitigen Sektionschef Dr. Peterlunger den Auftrag, eine Zusammenfassung der Informationen über Lukesch an das BMfI zu senden. Dr. Puffer gab – wie üblich – diesen Auftrag an

Krim.Abt.Insp. Meier weiter, der an Hand des vorliegenden Aktenmaterials im Juli 1966 diese Zusammenfassung erstellte. In diese Zusammenfassung fügte Krim.Abt.Insp. Maier auch die vorangeführten Erhebungsergebnisse über Viktor Dernesch, da sie seiner Meinung nach mit dem Gegenstande im ursächlichen Zusammenhange stehen. Dieser zusammenfassende Bericht wurde von Dr. Peterlunger angeblich (wie der derzeitige Leiter der Staatspolizei im BMfI Dr. Franz Häusler bestätigt) dem damaligen Sektionschef Ruppertsberger mit der verständlichen Beifügung übermittelt, weshalb denn in dieser Angelegenheit nichts geschehen sei bzw. jahrelang keine Verfügungen getroffen worden sind. Wiederum nach Mitteilungen des Ministerialrates Dr. Häusler soll der seinerzeitige Sektionschef Ruppertsberger über den Inhalt dieses zusammenfassenden Berichtes überaus erregt und wütend reagiert haben. Er soll den Akt »in die Luft geworfen« und in wütenden und abfälligen Worten über den Berichterstatter getobt haben. Die übliche staatspolizeiliche Vorgangsweise – die auch im Gegenstande eingehalten worden ist – war eine entsprechende Informierung durch den Sektionschef an den Beteiligten, also an den Vizekanzler. Eine solche Informierung ist üblich und notwendig und soll den Zweck haben, Regierungsmitglieder über Dubiosität etc. von Personen ihres Bekanntenkreises aufzuklären, damit sie sich dementsprechend verhalten können. Im Gegenstande hatte diese Informierung des Vizekanzlers zur Folge:

- *Viktor Dernesch hat im September oder Oktober 1966 seinen Posten bei den VÖEST gekündigt und einen Posten bei Schoeller-Bleckmann erhalten*
- *Vizekanzler Dr. Pittermann faßte den Bericht als einen per-*

sönlichen Angriff gegen seine Person auf und vermutete dahinter eine Aktion des CIA (nach Mitteilungen des ehemaligen Landesparteisekretärs OÖ, Kramer). Dies deshalb, weil er angeblich erfahren haben will, daß

- *sein ärgster Widersacher Franz Olah vom CIA über eine amerikanische Holzarbeitergewerkschaft finanziert werden soll,*
- *weil er seine Unpopularität auf amerikanische Einflüsse in Österreich zurückführt, da er sich mehrmals gegen die Johnson-Politik ausgesprochen hat. Derartiges soll er sowohl parteiintern als auch offiziell, z. B. bei der Verabschiedung der Rosa Jochmann, öffentlich ausgesprochen haben.*

Hier sei eingefügt, daß nach Mitteilungen des Generaldirektors der VÖEST, Dr. Koller, und des ehemaligen Leiters der österreichischen Staatspolizei, Ministerialrat Dr. Rossmanith, sowohl Sektionschef Ruppertsberger als auch Rudolf Lukesch einer Freimaurer-Loge in Wien angehören bzw. angehört haben. Dr. Puffer wurde von Sektionschef Ruppertsberger seinerzeit ebenfalls zu den Freimaurern gebracht und war lange Schriftführer der Freimaurer-Loge in Linz.

Inwieweit diese Umstände zu einer logeninternen Informierung des Lukesch geführt haben könnten, ist angesichts der Unkenntnis der Gepflogenheiten bzw. Regeln des Freimaurertums unbekannt.

Der damalige Sektionschef Franz Ruppertsberger ordnete jedenfalls eine Untersuchung gegen den Krim.Abt.Insp. Maier und seinen engsten Mitarbeiter Krim.Rev.Insp. Otto Weidinger an.

Das Ergebnis der Untersuchung darf als bekannt vorausgesetzt werden und findet im wesentlichen auch in den beiliegenden

Presseveröffentlichungen seinen Niederschlag. Die Rehabilitierung der beiden Beamten ist wohl in der Presse ausgesprochen worden, die logischen Konsequenzen wurden jedoch bis dato nicht getroffen. (Die vom Bundesminister des Inneren verfügten Versetzungen aus Dienstrücksichten sind bis dato aufrecht.)

Bei der Berichterstattung durch die einzelnen Ministerial-Beamten an den Herrn Bundesminister des Inneren waren zweifellos parteipolitische, vor allem aber personalpolitische Tendenzen der einzelnen Herren im starken Maße spürbar. Ob der Herr Bundesminister über den tatsächlichen Sachverhalt rückhaltslos informiert wurde, ist zu bezweifeln. Eine direkte Berichterstattung der beiden Hauptbeteiligten des sogenannten »Spionage-Skandals« (eben der beiden Kriminalbeamten) an den Innenminister ist bisher nicht erfolgt und ist offenbar von dem Herrn Innenminister auch nicht erwünscht. Die beiden Kriminalbeamten haben sich während und nach der Untersuchung, da ihnen Dinge zum Vorwurf gemacht wurden, die ihrer Überzeugung nach zu ihrem Aufgabengebiet schlechthin gehörten, in allen Belangen auf ihre Vorgesetzten, insbesondere aber auf ihren langjährigen Vorgesetzten und Organisator des staatspolizeilichen Nachrichtendienstes in Österreich, Ministerialrat Dr. Josef Rossmanith, berufen. Der Ministerialrat Dr. Rossmanith wurde weder im Zuge der Untersuchungen noch nachträglich konsultiert.

Es darf abschließend mitgeteilt werden, daß Ministerialrat Dr. Rossmanith im BMfI als persönlicher Gegner des Sektionschefs Ruppertsberger gilt.

Der Hurenjob

In Meidling dauerte es eine geraume Zeit, bis ich mich mit den örtlichen Verhältnissen vertraut gemacht hatte. Das Glück war mir wieder einmal hold. – Wie ich überhaupt glaube, in meinem Beruf immer Glück gehabt zu haben. Im Gegensatz zu meinem Privatleben. – Aber davon später.

Der Kommissariatsleiter in Meidling sekkierte mich vom ersten Tag an. Im Bezirk gab es eine Reihe von ungeklärten Einbrüchen in Juweliergeschäfte, und der damalige Polizeipräsident Holaubek warf ihm deshalb Unfähigkeit vor. Weil mich doch in der Meidlinger Gaunergilde niemand kannte, beschloß ich, meine Anonymität auszunützen. Ich wurde Stammgast in einer Sexbar am Gaudenzdorfer Gürtel und erzählte dort den Huren, ich wäre Vertreter in der Juwelierbranche und würde auch billigen Schmuck gerne kaufen. Nun das Glück: Eine der Huren war von einem Kunden mit Schmuck bezahlt worden, zeigte mir das Zeug, und ich kaufte ein paar Stücke. Sie stammten von den Einbrüchen. Der Kunde war bald ausgeforscht, und wir schnappten ihn uns. Der Kommissariatsleiter war selig, und die Kriminalbeamten hörten langsam auf, mich für einen vertrottelten James Bond zu halten.

Ein Jahr lang machte ich auf dem Kommissariat Dienst. Inzwischen machte Dr. Hlubucek seinen Schlußbericht, und ich wurde rehabilitiert. Ich verlangte eine entsprechende Veröffentlichung, und nach langem Zögern entschloß sich der Innenminister dazu. Aber wie das so ist im Leben: Die Verdächtigungen hatten Schlagzeilen gemacht, die Rehabilitierung war irgendwo auf den Seiten zehn bis fünfzehn in drei, vier Zeilen als Kleingedrucktes zu lesen.

Semper aliquid heret sagten schon die alten Römer: Es bleibt immer etwas kleben. Die lieben Kollegen hatten die Rehabilitierung zwar zur Kenntnis genommen, aber ich war ja immer noch am Kommissariat Meidling, und so munkelte man: »Na ja, gut und schön, aber für die Staatspolizei ist er halt doch nicht tragbar.« Ich ärgerte mich, ersuchte um Vorsprache beim Generaldirektor für die öffentliche Sicherheit. Verlangte von ihm Rückversetzung zur Stapo.

Meinem Wunsch wurde stattgegeben, ich kam direkt in die »Gruppe Staatspolizei« ins Innenministerium. Als meine Kieberer in Meidling davon erfuhren, bedrängten sie mich, doch zu bleiben. Es hatte sich ein erstklassiges Betriebsklima entwickelt, und auch mir fiel der Abschied schwer.

In der Stapo hatte sich einiges geändert. Man setzte mich an einen Schreibtisch, und ich mußte Akte erledigen, reine Büroarbeit, die mir überhaupt nicht behagte.

Der damalige Generaldirektor war Dr. Seidler, politisch ein Ultra-Konservativer, aber in der Praxis sozialer als die meisten Ministerialräte. Eines Tages rief er mich zu sich. Er habe den Eindruck, daß ich nicht recht zufrieden wäre, eröffnete er mir. Er erkundigte sich auch nach meinem Privatleben. Ich berichtete wahrheitsgetreu von meinen Geldschwierigkeiten, ich hatte Schulden, meine Frau hatte mich verlassen und lebte in Kanada bei ihrem Bruder. Er hörte mir aufmerksam zu.

Ob ich vielleicht nach Zypern zur dortigen UNO-Polizei gehen möchte, fragte er. Ich war wenig begeistert. Dort wird ja in Uniform Dienst gemacht, und als Kriminalbeamter ist mir Zivil lieber. Er nahm einen Akt aus der Tischlade. »Sie sind im Range eines Hauptmannes«, sagte er, »schaun Sie einmal, was Sie als Hauptmann bei der UNO verdienen würden.« Ich las den Betrag, es war das Vierfache meines Gehaltes. »Ich bitte um Versetzung nach Zypern!« sagte ich und er lachte. Drei Wochen später war ich in Nicosia.

In jener Zeit gab es auf der Insel neben den vielen UN-Militärkontingenten reine Polizeieinheiten aus vier Ländern, welche alle polizeilichen Aufgaben der Vereinten Nationen zu erledigen hatten. Neben den Österreichern waren das die Dänen, Schweden und Australier. Wir waren territorial aufgeteilt, die Österreicher für die Hauptstadt Nicosia und das nördliche Küstengebiet, den Kyrenia Distrikt, zuständig. Noch während ich mich einzuarbeiten hatte, fand ich heraus, daß sich unser Dienst von dem normalen Polizeijob in der Heimat grundlegend unterschied. Vor allem hatten wir viel mehr Freizeit als daheim. In diesen langen dienstfreien Perioden gab es im wesentlichen zwei Möglichkeiten, die Langeweile zu verkürzen: Whiskey saufen und Sport betreiben. Ich habe beides ausgiebig getan, und mir war immer noch fad. So begann ich zu schreiben. Kriminalromane.

Der Anlaß hiezu war eigentlich mein überstandener Spionageverdacht. In Zypern dachte ich über so manches nach und kam zur Ansicht, daß viele Einzelheiten aus meiner vergangenen Arbeit nicht aktenkundig gemacht worden waren. Einzelheiten. Aber solche, die ich gerne beim Akt gewußt hätte. So begann ich, eine Art Gedächtnisprotokoll zu schreiben, hatte dabei aber bald Schwierigkeiten bzw. Bedenken. Wie sollte ich Personen, die mir im Nachrichtendienst behilflich gewesen waren, erwähnen, ohne sie womöglich in Schwierigkeiten zu bringen. Ich begann, ihre Namen zu ändern, aber das half auch nichts. Kam das Memorandum in falsche Hände, wären diese Personen bald identifiziert worden. So hörte ich wieder auf damit.

Um mein Englisch aufzupolieren, las ich englische Bücher, Spannungsliteratur. Romane von Morris, West, John le Carré und andere. Ich bekam dabei den Eindruck, daß die wirklich guten Bücher in diesem Milieu vornehmlich von Engländern und Amerikanern stammen, im deutschsprachigen Raum findet sich kaum Gleichwertiges. Also begann ich einen Spionageroman, in welchem ich die Rolle des verstorbenen Dr. Straka schilderte. Natürlich romanhaft und mit anderem Namen (Dr. Antevic). Dem Buch gab ich den Titel ZIKADEN SINGEN NICHT (erschienen Jahre später im Verlag Herbig/München).

In den nächsten Monaten und Jahren schickte ich meine Romanmanuskripte an österreichische Verlage. Als Patriot bot ich dieses Zeug also österreichischen Verlagen an und bekam es regelmäßig mit einem freundlichen Begleitschreiben zurückgeschickt. Man teilte mir sinngemäß mit, daß die Manuskripte zwar ausgezeichnet wären, aber leider passe das Thema nicht in das laufende Verlagsprogramm. Man wäre aber ganz sicher, daß ein anderer Verlag den Stoff übernehmen werde.

Ich begann zu schöpfen. Was schöpft ein Kriminalbeamter? Natürlich Verdacht. Bei meiner nächsten Absendung zupfte ich mir einige Haare aus und klebte sie über die Seiten 50 bis 150. Als das Manuskript mit dem besagten Text wieder zurückkam, bestätigte sich mein Verdacht: Die Haare klebten immer noch über den Seiten. Man hatte das Manus also nicht einmal durchgeblättert.

So ging es also nicht.

Meine ständigen Schreibereien blieben meinen Freunden nicht verborgen, und weil nie ein Buch gedruckt wurde, wurde ich entsprechend gehänselt. »Na, wann liest man denn endlich einen Krimi von dem Kriminalbeamten?« fragte man mich andauernd. Dann war ich einmal auf Urlaub in Wien, traf in der Redaktion des Kurier einen alten Freund von mir, den Journalisten Jäger. Und wieder ging es los: »Weißt du, Leo«, lächelte er milde, »du solltest halt das Schreiben denen überlassen, die es gelernt haben und können.« Damit meinte er wahrscheinlich sich selber. Ich wurde echt grantig und erzählte ihm von dem Haartrick. »Schick halt einmal mir ein Manuskript«, schlug er vor. »Wir haben in der Redaktion einen anerkannten Literaturkritiker, den Kurt Kahl. Der wird es lesen. Und wenn dir der dann sagt, daß es ein Schmarrn ist – hörst du dann auf?«

Ich versprach es.

Name & Rank Ὄνομα & Βαθμός Adı & Rutbesı	M A I E R Leo, Major

Nationality Ἐθνικότης Tabiyeti	Born Γεννηθεὶς τὴν Doğum Tarihi	Height Ὕψος Boyu	Weight Βάρος Ağırlığı	Hair Μαλλιὰ Saç Rengi	Eyes Μάτια Göz Rengi	Scars Ἰδιαίτερα χαρακτηριστικὰ Yara izi
AUSTRIAN	29/6/25	179	80	grey	gr-blue	none

Signature of Holder
Ὑπογραφὴ Κατόχου
Taşıyanın imzası

For the Secretary-General
Διὰ τὸν Γενικὸν Γραμματέα
Genel Sekreter Namına

Date of Expiry
Ἡμερομ. Λήξεως
Hitan bulduğu tarih

UNITED NATIONS FORCE IN CYPRUS
ΔΥΝΑΜΕΙΣ ΤΩΝ ΗΝΩΜΕΝΩΝ ΕΘΝΩΝ ΕΝ ΚΥΠΡΩ
BİRLEŞMİŞ MİLLETLER KIBRIS KUVVETLERİ

This is to certify that the bearer, whose signature appears hereon, is a member of the United Nations Force in Cyprus.

Βεβαιοῦται ὅτι ὁ κάτοχος τοῦ παρόντος δελτίου, οὗτινος ἡ ὑπογραφὴ ἕπεται, ἀνήκει εἰς τὰς Δυνάμεις τῶν Ἡνωμένων Ἐθνῶν ἐν Κύπρῳ.

İşbu kartı taşıyan ve arkada imzası görülen şahsın Birleşmis Milletler Kıbrıs Kuvvetlerine mensup olduğu tasdik olunur.

UNO-Ausweis (Vorder- und Rückseite)

Das Kiebererparadies

Das Wunder geschah. Dem Kahl gefiel das Manus, er empfahl es einem Verleger, dem Dr. Fleissner. Von dem bekam ich ein Vertragsformular geschickt, ich unterschrieb, und dann feierten wir in Nicosia drei Tage lang. Erst viel später lernte ich, daß zwischen Schreiben und Gedrucktwerden und vom Gedrucktwerden bis zum Verkauf der Bücher immer noch Welten liegen. Weit größere vielleicht sogar. Also – Millionär bin ich keiner geworden als Krimi-Autor. Aber ich schreib noch immer. Inzwischen sind es 18 Bücher geworden.

Natürlich hatte ich bei der UNO in Zypern auch andere Dinge zu tun, als zu schreiben. Eine unserer Hauptaufgaben war es, festgenommene Zyprioten zu betreuen, genauer gesagt, uns um Türken zu kümmern, die von der griechischen Polizei verhaftet worden waren und umgekehrt. Wir hatten darauf zu achten, daß sie nicht mißhandelt wurden, ein »Lawful Treatment« bekamen. In den meisten Fällen gelang es mir, die Häftlinge frei zu bekommen und in ihre Heimatdörfer zu bringen. Dem Chief of Staff, einem englischen Brigadier, fiel das auf. Weil andere Police Officers da weniger erfolgreich waren. Eines Tages rief er mich und fragte, wie ich das mache. Ich erzählte ihm die Wahrheit:

Wenn Zypern auch geographisch zu Europa gehört, so herrschen dort doch typisch orientalische Verhältnisse. Über alles kann man verhandeln. Eine Mangelware bei der Exekutive beider Bevölkerungsgruppen waren Sex-Heftchen – wie Zypern von uns überhaupt als eine Art sexuelles Notstandsgebiet bezeichnet wurde, denn Frauen und Mädchen werden von den Familienoberhäuptern sehr streng gehalten. Nun besorgte ich mir solche Sex-Zeitschriften vom Schwedischen Kontingent, die bekamen das Zeug kiloweise aus ihrer Heimat geschickt. Die Bilder von nackten Weibern wurden von mir als Handelsware benützt, etwa nach der Devise: für fünf Sexheftchen ein Häftling, den ich mitnehmen durfte. Der Chief of Staff lachte Tränen bei meinem Bericht und meinte, ich möge diese Methode auch anderen UNO-Polizisten empfehlen.

Von 1967 bis 1976 war ich also insgesamt sieben Jahre UNO-Police-Operations-Officer. Nicht ununterbrochen, sondern dreimal zwei Jahre und einmal ein Jahr. Die restlichen beiden Jahre war ich auf Urlaub oder erledigte langweilige Akte im Innenministerium.

Es war nicht immer ruhig auf Zypern. 1974 kam es zur türkischen Invasion, und ich erlebte also meinen zweiten Krieg hautnah. Diesmal nicht als MG-Schütze im Dreck liegend, sondern im UN-Hauptquartier als Operations-Officer. Was für ein Unterschied!

Spätestens seit diesen Erlebnissen in einem Generalstab ist mir bewußt, daß ein Krieg nicht nur eine der größten

Blödheiten dieser Welt ist, sondern daß Zufälle und Fehleinschätzungen im Krieg eine gewaltige Rolle spielen. Ich erlebte im HQ »live«, wie die Türken ein eigenes Kriegsschiff versenkten und mit Krieg gegen Griechenland drohten, weil sie das versenkte Schiff für eine Einmischung der griechischen Marine hielten. Ich erlebte am Sprechfunk, wie in Kyrenie an der Nordküste ein türkisches Bataillon landete und zwei Dörfer besetzte, und wie dann die türkische Schiffsartillerie diese beiden Dörfer unter Beschuß nahm und ihrer eigenen Einheit schwere Verluste zufügte. »Jesus Christus, und das ist unser Nato-Partner«, stöhnte der englische Chief of Staff, Brigadier Henn.

Wenige Tage später erlebte ich dann mit meinen österreichischen Kollegen am eigenen Leib ähnliches, allerdings fehlte es diesem Vorfall nicht an Humor. Diese Geschichte wurde Jahre später in einem Buch namens HECHTGRAU UND FLASCHENGRÜN gebracht, nachstehend das Original im Zitat aus dem Buch HECHTGRAU UND FLASCHENGRÜN, erschienen bei Kremayr & Scheriau, Kapitel »Die ungewollte Heldentat«:

Die folgende Geschichte stammt vom ehemaligen Police Operations Officer Leo Maier, der heimischen Lesern und Fernsehzuschauern unter dem Namen Leo Frank bekannt ist: Zypern im Juli 1974. Nicht nur das Wetter ist glühend heiß, auch der Krieg zwischen Griechen und Türken ist voll entbrannt. Die Schlacht um die Hauptstadt Nicosia steht bevor.

Das österreichische UNO-Polizeikontingent, fünfzig Mann stark, hat schwere Tage hinter sich. Es mußte aus der Kampfzone in das UN-Hauptquartier evakuiert werden. In einer kleinen Kirche notdürftig untergebracht, wartet man auf weitere Befehle.

Der UN-Chief of Staff, Brigadier Henn, verhandelt mit griechischen und türkischen Befehlshabern. Der Flughafen Nicosia, einen Kilometer vom UNO-Hauptquartier entfernt, soll von den Türken gestürmt werden. Die Griechen künden an, sie werden den Airport bis zum letzten Mann verteidigen. Brigadier Henn will Blutvergießen verhindern. Die Spannung erreicht ihren Höhepunkt.

Das kanadische UN-Bataillon verläßt das Hauptquartier, langsam rollen Schützenpanzerwagen und Landrover Richtung Airport. Man will sich zwischen die kämpfenden Verbände postieren, eine möglichst massive Friedenszone bilden.

Der Chief of Staff erinnert sich an die österreichischen Polizisten. Sie sollen mit allen Fahrzeugen die Kanadier verstärken. Er gibt diesen Befehl an Maier weiter. »Ihr fahrt mit allem, was Räder hat, bis zum Airport Terminal«, sagt Maier zu seinen Mannen. »Dort wartet ihr auf weitere Befehle. Ich habe noch was zu erledigen im Hauptquartier und komme nach.«

Zehn Minuten später fährt er mit seinem Landrover Richtung Terminal. Dort sieht er die Spitze der kanadischen Kolonne geparkt. Weit und breit keine Austrians. Maier trifft fast der Schlag: Es gibt zwei Terminals, einen alten und einen neuen. Er hat in der Eile seine Kameraden zum falschen Terminal geschickt, direkt vor die Stellungen der Griechen.

Langsam und mit Herzklopfen fährt er dorthin, vorbei an grimmig blickenden griechischen Soldaten hinter Maschinengewehren und Panzerabwehrkanonen. Das kleine Häuflein Österreicher ist um seinen Kommandanten geschart. Als Maier hinzukommt, empfängt ihn sein Chef Dr. Herbert Fuchs: »Sag einmal, bist deppert? Oder willst dir ein Ritterkreuz verdienen?«

Maier klärt seinen Irrtum auf. Was aber ist jetzt zu tun? Die

Österreicher sind erfahrene UNO-Polizisten. Sie wissen: Nur keine Unsicherheiten zeigen, das ist das Schlimmste. Commander Fuchs gibt den Befehl: Alle Fahrzeuge werden so vor die MGs und Kanonen abgestellt, daß sie nicht schießen können. Ruhig stellen die Polizisten ihre Landrover direkt vor die Mündungen, beginnen dann zu rauchen und zu plaudern. Das Wunder ist perfekt, kein Schuß fällt.

Maier versucht nun, eine UNO-Fahne auf dem hohen Flaggenmast vor dem Terminal zu hissen, aber es gelingt nicht. Durch die vorangegangenen Schießereien ist die Vorrichtung am Mast beschädigt worden. Der Gendarm Willi Pittner tritt zu ihm. »Oberst«, sagt er, »ich bin ein alter Maibaumkraxler. Da hinauf komme ich wie nix.« Er steckt die Fahne in den Hosenbund, beginnt zu klettern. Es gelingt. Die UNO-Fahne weht. Die griechischen Soldaten schnattern anerkennend ob der sportlichen Leistung.

Colonel Maier nimmt sein Funkgerät, meldet die Besetzung des Flughafens und Hissen der UN-Flagge an das Hauptquartier.

Dort herrscht ungläubiges Staunen. Nach einigen Rückfragen kommen die Kanadier nach. Sie entwaffnen die Griechen und transportieren die Soldaten ab. Kanadische Offiziere klopfen den Austrians auf die Schultern: »Euer Handstreich war einfach großartig!«

Abends in der Offiziersmesse hält Colonel Maier die Lobgesänge über die österreichischen Polizisten nicht mehr aus. Er gesteht seinen Irrtum, und daß alles nur Zufall war. Die UNO-Generalstäbler lachen trotzdem Tränen.

Das Lustigste an dieser Heldengeschichte aber wurde nirgendwo gedruckt. Britische Kriegsberichterstatter hatten das alles mitbekommen und waren von dem Zufalls-Hintergrund nicht informiert. So erschienen in vielen englischen Zeitungen Schlagzeilen über den mutigen Handstreich der Austrians, der ein gewaltiges Blutbad verhinderte. Es war aber in diesen Berichten nur von einer österreichischen UN-Einheit die Rede, nicht von der Polizeieinheit. In Wien war man zuerst begeistert, dann enttäuscht. Denn das Verteidigungsministerium erkundigte sich telefonisch über die Sache beim österreichischen Bundesheer-UN-Kontingent, das im Paphos Distrikt Dienst versah. Dort war alles ruhig, es wurde kaum geschossen. Der Kommandant wußte auch nichts von dieser Begebenheit und berichtete, daß das ein Irrtum sein müßte. Also »berichtigte« unsere Bundesregierung diese Meldungen amtlich. Man nahm an, daß – wenn nicht die Austrians die Helden waren – es die Australians sein müßten. Durch die Namensähnlichkeit gab es ja immer wieder Verwechslungen. Wir lachten Tränen. Unsere australischen Freunde auch, als wir ihnen gratulierten und die Geschichte erzählten. Gibt's was Dümmeres?

Ich habe keinen Beweis dafür, aber ich glaube, daß das UN-Hauptquartier in Nicosia diese UNO-Aktion ebenfalls nicht als Zufall, sondern als mutige Aktion nach New York berichtete. Nur so kann ich es mir erklären, daß ich einige Zeit später von unserem damaligen Innenminister Rösch ein Belobigungsdekret erhielt, in welchem ein anerkennendes Schreiben der Untergeneralsekretäre der Vereinten Nationen, Roberto E. Guyer und Brian E. Urquhart, erwähnt wurde. Solche namentlichen Anerkennungen von New York sind recht ungewöhnlich. Ich lege dieses Dekret bei und hoffe, meine Leser mit diesen Dingen nicht zu langweilen. Aber verschiedene hier geschilderte Vorkommnisse sind so unwahrscheinlich, daß man den Eindruck gewinnen könnte, sie seien erfunden. Möge das abgedruckte Dokument eine Art Wahrheitsbeweis sein.

REPUBLIK ÖSTERREICH

DER BUNDESMINISTER FÜR INNERES

Herrn
Kriminaloberstleutnant
Leo MAIER
LINZ

Die Untergeneralsekretäre der Vereinten Nationen, Roberto E. GUYER und Brian E. URQUHART, haben mit Schreiben vom 3. März 1977 den österreichischen Botschafter bei den Vereinten Nationen in Kenntnis gesetzt, daß sie Ihre langjährige Dienstleistung im Rahmen der Streitkräfte der Vereinten Nationen in Cypern als einen bedeutenden Beitrag im Dienste dieser friedenserhaltenden Mission ansehen und daß diese Ihre Dienstleistung von allen Vorgesetzten als außergewöhnlich und hervorragend eingestuft wurde.

Ich darf Sie, sehr geehrter Herr Oberstleutnant, von diesem Umstand in Kenntnis setzen und nehme die Gelegenheit wahr, um Ihnen auch persönlich für die vorzügliche und beispielhafte Dienstleistung im Rahmen des Österreichischen UN-Polizeikontingentes in Cypern Dank und Anerkennung auszusprechen.

3. Mai 1977

Otto Rösch

Die Polizistenlüge

Nach dem Krieg änderten sich die Verhältnisse auf Zypern für die UNO-Polizei grundlegend. Griechen und Türken waren nun getrennt, es gab keine gemischten Siedlungen mehr. Die Demarkationslinie wurde von den UNO-Militäreinheiten kontrolliert, die Polizei hatte kaum etwas zu tun. Das war der Grund, warum die UNCIVPOL stark reduziert wurde. Unser Kommandant Mag. Fuchs und ich berichteten hierüber nach Wien, und wir schlugen vor, das Polizeikontingent zurückzuberufen. Das geschah dann auch aus finanziellen Gründen, denn die UNO schuldete unserer Regierung bereits Unsummen.

Knapp zuvor hatte ich noch ein unvergeßliches Erlebnis. Man meldete mir eines Tages, daß sich in Nicosia ein österreichischer Journalist herumtreibe, und ich ließ mir den Mann vorführen. Es war der inzwischen berühmt gewordene Dr. Hugo Portisch, der für Zeitungen auf Zypern recherchierte. Der Mann war mir von der ersten Stunde an sympathisch, und weil ich doch die Verhältnisse wie kaum ein anderer kannte, erfuhr er zu seiner Freude eine Menge Einzelheiten. »Du ersparst mir wochenlanges Herumfragen«, sagte er immer wieder. Einige Tage war er mein Gast. Bevor er wieder abreiste, hatte er noch einen Wunsch:

Einmal wollte er diese Trennlinie durch Nicosia, die Green-Line, wie wir sie nannten, sehen und erleben. Dort, wo sich Griechen, Türken und UNO-Soldaten auf engstem Raum gegenüberliegen und einander belauern. Das war nicht so einfach, und ich erklärte es ihm. Als Zivilist hatte er dort keine Chance. Dann konnte ich sein enttäuschtes Gesicht nicht mehr länger aushalten und hatte eine Idee. Ich zog ihm eine Uniform von mir an und chauffierte ihn mit einem Landrover durch diese Gegend. Nun salutierten die Soldaten ja vor einem hochrangigen Offizier, und er sollte zurücksalutieren. Da er die Örtlichkeiten natürlich nicht kannte, machte ich als sein Fahrer immer »gssssst«, wenn er salutieren sollte, und das klappte vorzüglich. Nach einer Weile gefiel ihm das recht gut, und er begann zu summen: »Old Soldiers never die.« Heute noch lachen wir darüber, wenn wir einander treffen. Ich mußte ihn übrigens damals bitten, darüber nichts zu schreiben, weil ich sonst Schwierigkeiten im Hauptquartier bekommen hätte. Er versprach es. Und er hat sein Versprechen gehalten.

Ganovenfang per Zeitungsente

Wieder in Österreich wollte ich unter keinen Umständen mehr bei der Staatspolizei arbeiten. Ich wollte als Kriminalbeamter etwas Vernünftiges tun, und es ist mir lieber, wenn ich einen Strolch ausforschen kann, der ein altes Mutterl beraubt hat, als diese lächerliche Geheimdienstlerei. Ich ersuchte also um Versetzung dorthin, wo ich angefangen hatte – zur Polizeidirektion nach Linz. Mein Ansuchen wurde bewilligt.

Man wußte dort nicht recht, was man mit mir anfangen sollte. Die Referate waren alle besetzt, für einen Stellvertreter war ich schon zu hochrangig. Ein kriminelles Problem gab es: Von Juli 1976 bis August 1977 waren in den umliegenden Bundesländern insgesamt 24 Tresoreinbrüche passiert, die Schadenssumme war beinahe vier Millionen Schilling, und von den Tätern fehlte jede Spur. Man hatte eine Sonderkommission gebildet, und ich übernahm also die Leitung dieser Kommission, eine ziemlich undankbare Aufgabe. Aber mein sprichwörtliches Glück blieb mir hold.

Es gab einige vage Verdächtigungen. Ich konzentrierte mich auf einen Vertreter, der den ganzen Tag in Lokalen herumsaß und offenbar »gestopft« war, wie man bei der Kripo sagt, also viel Geld hatte. (Das Gegenteil von »gestopft« heißt im Gaunerjargon »flach«. Die Ausdrücke beziehen sich wahrscheinlich auf den jeweiligen Zustand einer Brieftasche.)

Die Arbeitsweise der Bande war immer die gleiche. Jeweils an einem Wochenende, wenn die Banken geschlossen waren, sperrten sie fachgerecht auf und von innen wieder zu. Sie verhängten die Fenster und machten sich in aller Ruhe an den Tresor. Spezialisten waren da am Werk, keine Frage. Als solches wieder in einer Bankfiliale am Stadtrand von Linz passierte, war ich am Tatort. Wie immer keine Spuren oder Hinweise. Eine Frau aus einem gegenüberliegenden Hochhaus erzählte mir, sie habe Sonntag im Morgengrauen einen roten Pkw vor der Bank parken und dann wegfahren sehen. Das war alles.

Ich versuchte einen Trick. Einen Journalisten der Oberösterreichischen Nachrichten, Waldemar Wassermann, ersuchte ich um Veröffentlichung einer Story. Die Polizei habe, so sollte er schreiben, die ersten Kennzeichenziffern eines verdächtigen roten Pkw und überprüfe nun alle in Frage kommenden Fahrzeuge. Er brachte den Artikel am nächsten Tag, und in der Polizeidirektion war der Teufel los. »Welcher Trottel hat der Presse diesen Unsinn erzählt!« schimpften die Herren Polizeijuristen. Dies blieb mein und Waldemars Geheimnis. Ich ließ den Verdächtigen beobachten. Nun das Glück: In einem Kaffeehaus las der Mann den Artikel, zahlte und fuhr mit seinem roten Pkw geradewegs zu einem Autohändler. Dort verkaufte er den Wagen und erstand einen neuen, einen blauen. Recht eilig hatte er es.

Ich auch. Wir schnappten uns den Kerl, machten eine Hausdurchsuchung – ohne richterlichen Befehl –, fanden Belastendes, und nach 24 Stunden begann er auch zu plaudern. Alles weitere war Routinesache.

In meiner Gerichtsanzeige schrieb ich kein Wort von dem Pressetrick. Auch in dem unausbleiblichen Anerkennungsschreiben steht nur »überdurchschnittliche Leistung«. Belobt wurde selbstverständlich die ganze Sonderkommission. So geht es eben im Leben: Der Erfolg hat viele Väter, nur der Mißerfolg ist ein Waisenkind.

REPUBLIK ÖSTERREICH
SICHERHEITSDIREKTION FÜR DAS
BUNDESLAND OBERÖSTERREICH

Linz, am 7. Feber 1978

Zahl: Präs 113/77

A n e r k e n n u n g s s c h r e i b e n

Von Juli 1976 bis August 1977 waren in den Bundesländern Salzburg, Niederösterreich und vor allem im Bundesland Oberösterreich 24 Tresoreinbrüche bzw. -einbruchsversuche zu verzeichnen, wobei es den Tätern gelang, einen Geldbetrag von insgesamt 3,848.869 S an sich zu bringen.

Im September 1977 konnten nach langwierigen und mit Ausdauer geführten Ermittlungen, in deren Verlauf auch zahlreiche Überwachungen vorgenommen wurden, die Täter festgenommen und dabei entscheidende Sachbeweise sichergestellt werden.

In der Folge war es dank der intensiven und mit Umsicht geführten Einvernahmen möglich, die als hartnäckig bekannten Täter zu Geständnissen zu bewegen und Diebsgut im Wert von etwa 1,5 Millionen Schilling sicherzustellen.

Die Aufklärung dieser Straftaten hat in der Bevölkerung ein besonderes Echo gefunden. Sie war insbesondere deshalb möglich, weil Gendarmerie- und Polizeibeamte vorbildlich zusammengearbeitet haben.

Durch Ihre in diesem Zusammenhang erbrachte überdurchschnittliche Leistung haben Sie zu diesem schönen Erfolg wesentlich beigetragen.

Als Sicherheitsdirektor für das Bundesland Oberösterreich nehme ich daher die Gelegenheit gerne wahr, Ihnen dafür namens der mit der Koordinierung der Erhebungen befaßt gewesenen ho. Behörde, aber auch im eigenen Namen Dank und Anerkennung auszusprechen. Damit wird die Ihnen über ho. Antrag vom Bundesministerium für Inneres bereits zuerkannte Geldbelohnung gebührend ergänzt.

An Herrn
Oberstleutnant
Leo Maier
Bundespolizeidirektion Linz

REPUBLIK ÖSTERREICH Sich. Dion. f. d. Bdld. Ob. Österr.

Sicherheitsdirektor

Das Sexualverbrechen

Kurz darauf übernahm ich das Referat »Gewaltverbrechen«. Kaum hatte ich mir die Namen meiner Mitarbeiter halbwegs eingeprägt und gemerkt, geschah ein scheußlicher Mord. In ihrer Wohnung in Urfahr wurde die alleinstehende Anna Müller erstochen vorgefunden. Insgesamt wurden an der Leiche mehr als 140 Messerstiche gezählt. Niemand im Hause hatte etwas gehört oder gesehen. Großes Aufsehen am Tatort. Vor der Tür lauern die Journalisten, unser Hofrat informiert sie. »Ein grauenhafter Sexualmord!« höre ich ihn immer wieder rufen. Mir gefällt das ganze nicht, meinem Stellvertreter Inspektor Rudolf Prinz auch nicht. Die Leiche liegt im Vorzimmer.

»Die muß doch schon tot gewesen sein, als sie die vielen Sticherln bekam«, meine ich. »Sonst hätte sie doch gebrüllt wie eine Irre.« Rudi meint das auch. Die Abrinnspuren des Blutes gehen von der Liegenden senkrecht zu Boden. Also mußte sie bereits regungslos gelegen haben. »Schau einmal, Chef«, sagt der Rudi, »der Täter muß ein Linkshänder gewesen sein.« Tatsächlich, die Stiche sind alle von links oben nach rechts unten geführt. Auch fehlt in der Wohnung

Bargeld und Schmuck. Paßt auch nicht recht zu einem Sexualmord. Warum wohl wurde dann ein Sexualmord vorgetäuscht?

Die Wohnungstür war versperrt, der Täter hatte die Schlüssel mitgenommen. Wir reden mit ihrer Schwester, welche die Wohnungstür mit einem Zweitschlüssel aufgesperrt hatte. »Einem Fremden hätte meine Schwester nie geöffnet«, sagt sie. »Sie sah immer vorher durch das Guckloch, wenn wer klingelte.« Diese Aussage ist wichtig. Der Täter zählte also zu ihrem Bekanntenkreis.

Wir überprüfen die Bekannten, es sind nicht viele. Einer ist darunter, ein vorbestrafter ehemaliger Krimineller und Kzler namens Franz Hanner. Es ist schon fast Mitternacht, als wir ihn finden. Wir fragen nach dem Alibi, er wird grantig, will rauchen. Ich erlaube es. Die Zigarette zündet er sich mit der linken Hand an …

Vorerst ist er ein »Steher«, sagt nichts. Wir durchsuchen ihn, es findet sich ein Zettel von einer Putzerei, einen Anzug hat er dort am Vormittag zum Reinigen gebracht. Noch in der Nacht holen wir den Anzug. Am linken Ärmel finden sich deutliche Blutspuren. Jetzt wird aus dem »Steher« ein »Winsler«. Der geraubte Schmuck sollte sich später auch noch finden.

Unser Hofrat konnte es gar nicht glauben, daß es kein Sexualmord war. Der Hanner bekam lebenslänglich, ich bekam die übliche Belobung und 1500 Schilling Prämie.

Der Geiselbankraub

Wenn die geneigten Leser nun glauben, daß dieses berufliche Glück doch einmal ein Ende haben müsse, dann darf ich sie enttäuschen. Denn mein allergrößter Glücksfall passierte am 28. April 1978.

Wie üblich ging ich an diesem Tag nach der Frühbesprechung im Referat so gegen halb neun in die Polizeikantine, trank dort einen Kaffee. Einer meiner Leute kam zum Tisch, legte mir meine Dienstpistole vor die Nase. »Chef«, sagte er, »wir müssen ausrücken. Ein Banküberfall in der Stelzhamerstraße.« Paßte mir gar nicht. »Erst trink' ich noch in Ruhe meinen Kaffee aus«, sagte ich. Und dann noch: »Welcher Idiot überfällt eine Bank um halb neun und nicht am Nachmittag, wenn mehr Geld in den Kassen ist!«

Am Tatort war die Situation ungewöhnlich. Die Sicherheitswache hatte die Umgebung abgesperrt. »Der Täter ist noch drinnen«, meldete man mir, »er schießt dauernd und hat Geiseln genommen.« Ich war also der Meinung, daß er bei dem Bankraub von der Sicherheitswache überrascht wurde und nicht mehr flüchten konnte. Wieder hörte man in der Sparkasse Schüsse aus einer Maschinenpistole. Ich postierte meine Leute und ging dann in die Bank, wollte den Trottel zur Aufgabe überreden. Er hatte doch keine Chance.

Ein langer Gang, leere Schalter. Die Überwachungskameras waren zerschossen. Langsam ging ich weiter, am Ende des Ganges erweiterte sich der Raum, aber ich konnte nicht um die Ecke sehen. Beruhigende Worte rief ich, näherkommend. Etwa: »Hören Sie auf zu schießen. Ich bin unbewaffnet. Ich bin ermächtigt, mit Ihnen zu verhandeln.«

Ein erschreckendes Bild am Ende des Ganges. Etwa zwanzig Personen liegen am Boden. Schreckensbleich. Bankangestellte und Kunden, die der Täter zusammengetrieben hatte. In der letzten Ecke der Räuber, schwarzvermummt. Er sitzt auf einem Sessel, vor ihm knien zwei Bankangestellte. Um mich einzuschüchtern, schießt er eine Salve über meinen Kopf. »Hören Sie doch auf mit dem Blödsinn«, rufe ich. Er flüstert einer der Geiseln etwas ins Ohr, gibt ihm, es ist ein Mann, ein Blatt Papier. Der Bankangestellte ruft mir zu: »Der Herr ist von der Roten Armee Fraktion. Ich soll Ihnen das geben, und Sie verlassen dann sofort die Bank!« Er kommt gebückt näher, gibt mir das Kuvert. Ich nehme es und gehe wieder hinaus. Langsam.

Vor dem Ausgang öffne ich das Kuvert. Ein mit Schreibmaschine getippter Zettel mit dem Text: »Das ist ein Überfall der RAF. Die Bedingungen der Roten Armee Fraktion erfahren Sie in den nächsten Stunden. Keine Gewalt, sonst werden alle Geiseln erschossen.«

So was Blödes hatte ich noch nie erlebt.

Ich überlege: In dieser Zeit gab es zahlreiche Terrorakte dieser sogenannten RAF. Kurz vorher war in Wien diese

Geiselnahme des Oberterroristen Carlos passiert. Mit Toten und Flucht der Terroristen. Was also war zu tun?

Über Sprechfunk informiere ich den Polizeidirektor. Dann fordere ich Verstärkung an, mehr Kriminalbeamte. Die Sicherheitswache wird auch verstärkt, rund um die Bank hatten sich mittlerweile schon hunderte Menschen eingefunden. Neugierige, die den Vorplatz aber nicht betreten durften.

Der Polizeidirektor erscheint, läßt sich von mir Details berichten. Hofrat Dr. Koller ist ein Vorgesetzter, den ich sehr achte. »Was machen wir?« fragt er mich. »Ich geh' dann wieder hinein«, sage ich. Bin auch ratlos.

Eine halbe Stunde vergeht.

Wieder gehe ich durch den langen Gang, rufe meine beruhigenden Worte. Um die Ecke hat sich nichts verändert. »Na, was ist jetzt, Herr Rote Armee«, rufe ich, »wie geht's weiter?« Er bückt sich, flüstert dem Bankbeamten wieder etwas ins Ohr. »Verschwinden sollen Sie«, ruft der, »sonst schießt er.«

»Ich geh ja schon«, sage ich. Im Weggehen höre ich lautes Stöhnen. Ich dreh' mich herum, werfe einen Blick auf die Menschengruppe. Es ist eine hochschwangere Frau, die da am Boden liegt, sich vor Schmerzen krümmt. Jetzt werde ich aggressiv: »Das schwangere Weiberl hier nehme ich mit!« schreie ich in Richtung des Maskierten. »Auf eine Geisel mehr oder weniger wird es der RAF nicht ankommen!« Ich helfe der Frau auf die Beine, sie schaut ängstlich in die Ecke. Dort flüstert der Geiselnehmer wieder. »Sie dürfen die Frau mitnehmen«, ruft »sein« Sprecher. Wir wanken hinaus.

Durch die Aufregung haben bei der Frau offenbar bereits Wehen eingesetzt. Über Sprechfunk rufen wir einen Krankenwagen, sie wird in ein Spital gefahren. Ich veranlasse, daß einige Rot-Kreuz-Autos kommen und sich hier bereithalten. Man weiß ja nicht, was noch alles passiert.

Warum er wohl flüstert? Ich sinniere, es ergibt keinen Sinn. Hat er Angst, daß ihn seine Stimme verraten könnte? Sein Dialekt? Ich mache mir so meine Gedanken. Womöglich handelt es sich um einen gewöhnlichen Kriminellen, der die allgemeine RAF-Hysterie bloß ausnützen möchte. Ich rufe den Polizeidirektor per Funk, frage, ob irgendwelche RAF-Bekenneranrufe eingelangt sind. Das war damals so üblich. Nein, niemand hatte angerufen. Auch das ist ungewöhnlich. Ein Einzelgänger der RAF, das war noch nie dagewesen.

Die Zuschauermenge der Neugierigen hat sich inzwischen auf zwei- bis dreitausend vergrößert. Die Sicherheitswache spannt Stricke und stellt hölzerne Absperrvorrichtungen auf. Ich sehe in den Menschenmassen Fernsehteams und Journalisten mit Kameras, es wird ständig gefilmt und fotografiert. Die ersten Zurufe aus der Menge ertönen. Anfeuerungsrufe an die Polizei. Man will etwas sehen: Wir sollen die Bank stürmen. So einfach ist das nicht. Uns geht es darum, daß keiner der unschuldigen Geiseln ein Leid geschieht.

Dann passiert etwas. Eine weibliche Geisel kommt aus der Bank. Leichenblaß. Sie gibt mir ein Kuvert. »Ich muß sofort zurück, sonst erschießt er meine Freundin«, keucht sie und rennt wieder ins Innere zurück.

In dem Briefumschlag ein Zettel. Ich lese eine Forderung der RAF: Der österreichische Innenminister muß im

Radio verkünden, daß die Regierung die RAF als politische Partei anerkennt. Wenn er das nicht tut, wird jede Stunde eine Geisel erschossen. Ich gebe den Text an den Polizeidirektor weiter und bin gespannt, was der Innenminister tun wird.

Kurz darauf kommt wieder der Polizeidirektor. Im Innenministerium sei der Teufel los, erklärt er mir. Einerseits will man niemanden gefährden, andererseits will sich der Minister nicht lächerlich machen und so eine Aussendung über den Rundfunk verbreiten. Ich beruhige meinen Chef. »Das mache ich schon.« Wieder marschiere ich durch den langen Gang.

Ich belüge den Maskierten in überzeugenden Worten und mit treuherzigem Augenaufschlag. Ja, der Herr Minister wird die Botschaft im Radio verkünden, sage ich. Er nickt nur, macht dann eine Handbewegung, ich solle verschwinden. Beim Weggehen erstarre ich fast vor Schreck. Der Kerl nimmt ein kleines Transistorradio aus der Tasche und stellt es auf den Boden. Damit habe ich nicht gerechnet. Na ja, ich werde herausfinden, welchen Sender er eingeschaltet hat und dann behaupten, die Ministeraussendung wäre auf einem anderen Sender gewesen. Dem Polizeidirektor sage ich nichts von dem Radio.

Stunden vergehen.

Immer wieder suche ich eine Möglichkeit, von einem Fenster oder einer Auslage eine Position zu finden, von der man auf den Maskierten einen sicheren Schuß abgeben könnte, ohne jemanden zu gefährden. Es ist nichts zu machen. Zu gut sitzt er hinter den Geiseln in Deckung. Wenn er einen meiner Leute bei einem Fenster sieht, feuert er sofort darauf los. Ich gebe es auf und ordne an, die Kriminalbeamten mögen sich nicht sehen lassen.

Die Überraschungen reißen nicht ab. Es ist schon Nachmittag, als er mit einem Schlag alle weiblichen Geiseln entläßt. Unbeschreibliche Szenen spielen sich ab. Die Frauen stürmen aus der Bank, schreien, weinen. Angehörige hinter den Absperrungen toben. Die Kripo soll nun die Frauen vernehmen, befragen. Völlig unmöglich. Ich ordne an, Namen und Adressen der freigelassenen Geiseln festzuhalten. Dann sind sie entlassen. Befragen können wir sie am nächsten Tag auch. Manche verlangen ärztliche Behandlung. Die bereitgehaltenen Rot-Kreuz-Fahrzeuge bewähren sich.

Immer wieder gehe ich den langen Gang bis zu dem Maskierten, biete Erfrischungen für die Geiseln an, frage wie es weitergehen soll. Ich würde es noch zeitgerecht erfahren, antwortet mir nach dem üblichen Flüstern jedes Mal sein Sprecher. Sieben Männer hält er noch als Geiseln fest. Ich bemerke, daß die Sparkassenangestellten zwischendurch alle Tresore haben öffnen müssen. Sie sind leer. Er hat sich alles Geld bringen lassen und verstaut es in einem Rucksack. Mehr als sechs Millionen Schilling waren es, wurde später festgestellt. Mein Verdacht wird zur Gewißheit: Bei dem Täter handelt es sich um einen reinen Kriminellen. Denn um die verlangte Ministeraussendung im Radio hatte er sich nicht mehr gekümmert.

Es wird dunkel. Ich rede mit dem Offizier der Sicherheitswache, er beordert die Feuerwehr heran. Die kommt mit großen Scheinwerfern. Der Vorplatz der Bank wird von ihnen in gleißendes Licht getaucht. Der Geiselnehmer sieht das natürlich von drinnen, verlangt von mir, daß wieder abgeschaltet wird. Diesmal bleibe ich hart. »Kommt nicht in Frage!« schreie ich ihn an. Dann verlangt er die Bereitstellung eines Fluchtfahrzeuges. Da gebe ich nach. Ich verspreche ihm eines.

Gegen 21 Uhr bekomme ich von seinem Sprecher wieder ein Kuvert. Diesmal eine lange Nachricht. Ich muß sie zweimal lesen, bis ich verstehe. Er wird die restlichen Geiseln bis auf zwei entlassen. Diesen beiden wird er eine RAF-Schlinge um den Hals legen. Diese Schlinge ist ein langer Schlauch. Gefüllt mit Sprengstoff. Er würde hinter diesen beiden Geiseln die Bank verlassen und zum Fluchtauto gehen, die Zündung der RAF-Schlingen in der Hand. Diese Zündung ist so konstruiert, daß, wenn er die Hand öffnet, die RAF-Schlinge explodiert und die beiden Geiseln in Stücke reißt. Wenn also auf ihn geschossen würde, er zu Boden fiele und damit loslasse, wäre das die Katastrophe.

Der Polizeidirektor liest den Brief, schüttelt den Kopf. »Was machen wir?« fragt er mich. Ich gehe mit ihm zur Seite, Zuhörer brauchen wir keinen. Dann sage ich ihm, daß ich überzeugt wäre, daß auch diese RAF-Schlinge nur ein Bluff sei. »Wahrscheinlich sind Sägespäne in dem Schlauch«, sage ich. »Ich gebe meinen Leuten die Weisung, daß der erste, der freies Schußfeld hat und keine Geisel gefährdet, auf ihn schießen soll.« Dr. Koller wird nachdenklich. »Bist du sicher?« fragt er.

»Ganz sicher«, antworte ich.

Vorerst kommt dann alles genauso, wie ich vorausgesagt habe. Zuerst kommen die fünf Geiseln heraus, werden abtransportiert. Dann der Maskierte mit den letzten beiden.

Die RAF-Schlinge ist ein roter Gummischlauch, um den Hals der beiden gewickelt, der Verbrecher hält die Endstücke in der linken Hand, in der rechten hat er die Maschinenpistole im Anschlag. Den Rucksack mit den Millionen trägt er am Rücken. Ich dirigiere ihn über die Straße zu dem vermeintlichen Fluchtfahrzeug. Er muß einen dicken Baum passieren, hinter dem einer meiner Männer steht. Der schießt, der Räuber fällt um, keine Explosion.

Ich bin als erster bei ihm, reiße ihm die Gesichtsmaske herunter. Ein alter Bekannter der Kripo ist er, x-mal wegen Raubes vorbestraft. Er lebt noch, einen Halsdurchschuß hat er. Ich lasse ihn in ein Spital fahren, zwei Kriminalbeamte müssen ihn dort bewachen. Den Rucksack mit dem Geld stelle ich sicher, ebenso seine Waffen. Die rote RAF-Schlinge werfe ich einem Kollegen zu, er soll sie ins Erkennungsamt bringen zur Untersuchung.

Der Polizeidirektor meldet den Ausgang des Falles an das Ministerium: »Der Räuber angeschossen und in Haft, alle Geiseln unversehrt.« Das anerkennende Schulterklopfen und belobende Worte über die Schlagkraft der Linzer Polizei beginnt, und das geht in den Medien noch tagelang weiter.

Drei Tage später sitze ich wieder bei meinem Kaffee in der Polizeikantine, der Polizeidirektor trinkt auch einen. Inspektor Schick vom Erkennungsdienst kommt zum Tisch. »Chef«, sagt er zu mir, »ich hab zwei Nachrichten für dich, eine gute und eine schlechte.« Ich will die gute zuerst hören:

Die kriminaltechnische Untersuchung der Pistole des Täters hat ergeben, daß sie die Tatwaffe eines Polizistenmordes, geschehen vor zehn Jahren in Linz, ist. Er hat im Spital diesen Mord auch schon gestanden. Wirklich eine gute Nachricht.

Und die schlechte?

Inspektor Schick wird ernst.

»Chef«, sagt er, »diese RAF-Schlinge, von der du gesagt hast, sind eh nur Sagscharten drinnen – hochbrisanter Sprengstoff ist drinnen, auch die Zündung ist genau so, wie er in dem Brief geschrieben hat. Nur hat er die Zündvorrichtung gar nicht gespannt, die RAF-Schlinge damit nicht scharf gemacht. Wahrscheinlich war er zu sicher, daß sich niemand schießen traut.«

Ich glaubte, mich trifft der Schlag.

Der Polizeidirektor verfügt sofort, daß davon nichts an die Öffentlichkeit dringen darf.

Dem großartigen taktischen Erfolg der Polizei liegt also eine krasse Fehleinschätzung meinerseits zu Grunde.

Kurze Zeit später verleiht Landeshauptmann Dr. Ratzenböck Auszeichnungen an die Hauptbeteiligten des Falles. Als er mir ein silbernes Verdienstkreuz an die Brust heftet, muß ich eine Sekunde lang die Augen schließen. Vor meinem geistigen Auge sehe ich die RAF-Bombe explodieren und wie es diese unschuldigen Menschen in Stücke reißt. Was wohl wäre dann mit mir und den Kollegen passiert? Orden hätte ich sicher keinen gekriegt. Und mit dem Gedanken leben zu müssen, am Tode unschuldiger Menschen verantwortlich zu sein, ist wohl eine arge seelische Belastung.

Das wird wohl auch der Grund dafür gewesen sein, daß ich den dauernden Belobungsrummel nicht mehr aushalten konnte. Das Fernsehen hatte ja die Erschießungsszene live gefilmt, auch ausländische Stationen übernahmen den Film, und der Polizeidirektor bekam stoßweise anerkennende Schreiben aus dem In- und Ausland.

DIE

OBERÖSTERREICHISCHE LANDESREGIERUNG

HAT

HERRN

OBERSTLEUTNANT LEO MAIER

BUNDESPOLIZEIDIREKTION LINZ

IM SINNE DES GESETZES VOM 23. MÄRZ 1973, LGBL. NR. 24,

DAS

SILBERNE EHRENZEICHEN
DES LANDES OBERÖSTERREICH

VERLIEHEN UND VERBINDET DAMIT DEN DANK UND
DIE ANERKENNUNG FÜR VERDIENSTVOLLES WIRKEN

LINZ, AM 12. JUNI 1978
FÜR DIE O.Ö. LANDESREGIERUNG:

Dr. Josef Ratzenböck
LANDESHAUPTMANN

Allgemeine Sparkasse in Linz

Gegründet 1849

Direktion

Linz, am 2. Mai 1978
021/Dr. I/Hel

Herrn Oberstleutnant
Leo Maier
Bundespolizeidirektion Linz

Mozartstraße 6-10
4020 Linz

Sehr geehrter Herr Oberstleutnant!

Sie waren anläßlich des Überfalles auf unsere Zweigstelle Volksgarten und der Geiselnahme unserer dortigen Mitarbeiter an hervorragender Stelle im Einsatz.

Wir möchten auch Ihnen persönlich dafür danken, daß Sie durch Ihre Besonnenheit, Ruhe, aber auch Tatkraft und Entschlossenheit dieses verbrecherische Vorhaben zu einem für alle Beteiligten positiven Ende gebracht haben.

Uns war bewußt, daß die Linzer Polizei schlagkräftig und einsatzbereit ist, wir werden aber nun in unserem Wissen bestärkt, daß wir in einer außerordentlichen und gefährlichen Situation Schutz und Hilfe erwarten können. Dafür danken wir Ihnen und bitten Sie gleichzeitig, Ihren Beamten diesen unseren Dank weiter zu übermitteln.

Mit dem Ausdruck unserer besonderen

Hochachtung
ALLGEMEINE SPARKASSE IN LINZ

Postfach 82, A-4010 Linz/Donau
Promenade 11/13
Fernruf 0 72 22/26 8 91 (76 5 65), Fernschreiber 02 1778

Der Kieberer als Idol

Auf der Straße reden mich ein paar Burschen an, sie wollen ein Autogramm von mir. Ich komme mir ganz schön blöd vor dabei. Bin doch kein Filmstar. Das passiert mir dann immer wieder. Eines Tages sagt mir ein etwa 14jähriger Bursch, Gerhard Lukesch heißt er, daß die Schüler seines Gymnasiums in Linz einen Leo-Frank-Fan-Club gegründet haben. Und ob ich in dem Gymnasium vielleicht einmal einen Vortrag halten könnte. Also bitte! »Habt ihr keine anderen Sorgen?« frage ich verärgert. Sein enttäuschtes Gesicht rührt mich. Dann zeigt er mir eine Karte dieses Leo-Frank-Fan-Clubs, und ich lese etwas, was mich nachdenklich stimmt. Da steht auf der Rückseite dieser Karte: Viele Jugendliche interessieren sich für Popstars – wir sind die Fans eines Kriminalbeamten.

Nun, ich mochte diese plärrenden und arschwackelnden Popstars niemals recht leiden. Und wenn es wirklich so ist, daß junge Menschen ein Vorbild brauchen, dann ist es sicherlich gescheiter, es ist ein Kriminalbeamter. Also gehe ich abends in das Gymnasium, halte einen Vortrag. Wir diskutieren dann, und ich fühle mich immer wohler im Kreis dieser jungen Menschen.

Das ist lange her. Der Lukesch ist inzwischen erwachsen, hat einen Beruf. Er ist Journalist beim Kurier. Vergangene Woche telefonierte ich mit ihm, erzählte ihm von meiner Biographie. Und ob er noch irgendwelche Unterlagen von diesem Fan-Club hätte. Anbei das Zeug, das er mir mit der nächsten Post schickte.

Linz, 1. 12. 1991

Lieber Krimiautor!

Wie versprochen einige Daten zum »Leo Frank Fanclub«

Begonnen hat alles, wie Du weißt, mit dem Bankraub am 28. April 1978. Knapp fünf Wochen vorher hatte die »Bunte« einen Bericht über Dich gebracht (Titel: »Das Doppelleben des Kommissars«, März 1978, Beilage Nr. 1), wo ich auf Dich aufmerksam wurde. Eine weitere Reportage brachte damals die »Kronen-Zeitung« am 5. 4. 1978 mit dem Titel »Spionage-Thriller aus der Fachwerkstätte« (Beilage Nr. 2), und am 28. 4. 1978 kam der besagte Bankraub in der Stelzhamerstraße. Ich war zu diesem Zeitpunkt vierzehn Jahre und kann mich noch an die Situation in der Fadingerschule erinnern, wo gegen 10.30 Uhr ein Schulwart in die Klasse kam, um eine Meldung der Direktion vorzulesen: »In einer Bankfiliale in der Stelzhamerstraße hat sich eine Geiselnahme ereignet, die Polizei ersucht die Schüler, nicht hinzugehen, sondern nach dem Unterricht gleich nach Hause zu gehen.«

Wir sind natürlich nach Unterrichtsschluß gegen 12.45 Uhr sofort in den Volksgarten gegangen, wo ein Spielplatz rund 100 Meter von der Bank entfernt war. Aus dieser Distanz habe ich Dich damals schon gesehen.

Am 2. Februar 1979 sind wir uns gegen 7.30 Uhr erstmals begegnet, und ich habe mir ein Autogramm geholt. Zu diesem Zeitpunkt war auch schon der »Fanclub« mit einigen Klassenkollegen, darunter Werner Landerl, geboren.

An diesem Tag war auch ein kleiner Bericht in der KRONE, daß Du am 7. Februar 1979 um 16.30 »Das Archiv« in der Oberbank am Hauptplatz präsentierst (Beilage Nr. 3). Vier Monate später war schließlich der Literaturnachmittag in der Fadingerschule (Beilage Nr. 4).

Während meiner Schulzeit bis Juni 1983 war ich dann noch hunderte Male bei Dir in der Polizeidirektion in der Mozartstraße und später in der Nietzschestraße. Im November 1983 bin ich schließlich als freier Mitarbeiter beim »Kurier« gelandet, mein erster Bericht über Dich in der Zeitung war am 1. Jänner 1984 (Beilage Nr. 5).

Am 30. Dezember 1984 erschien schließlich im »Kurier« meine Story über Dich zur Pension (Beilage Nr. 6), den Rest kennst Du ja, seit 1. Juli 1991 bin ich beim »Kurier« angestellt.

Gerhard
Liebe Grüße

Leo Frank Fan-Club

ER Linz 0732 662405 13

as Doppel
es Kommissar

Beilage 1

atenberuf, das ist
zen hinter einem
hreibtisch. Schablo-
40-Stunden-Woche
auf die Pension.
ich, daß sich eine
atur in ein Amt
in Linz in Ober-
t es so einen
Kriminaloberst-
t 33 Beamten-
Sein Name:
Leo Franz

eintönig
anderen

Der „James Bond aus Linz" Leo Maier alias Leo Frank soll für West und Ost gearbeitet haben. Jetzt schreibt er seine Abenteuer

Dort verwandelt sich der Kriminaloberstleutnant Leo Maier im grauen dreiteiligen Anzug mit Krawatte in den Schriftsteller Leo Frank mit aufgekrempelten Hemdsärmeln im bequemen Hausrock: Er schreibt Bücher. Keine Sachbücher. Keine ... ne Beam...

Ein
Deckna
spirative
burg un
Kein Wun
Bücher
spielen.

Leo Fr
roman,
beginnt
führung
roristen
Mord
zieht
Ir
bo
M
(

inzer Polizeioffizier betätigt sich als erfolgreicher Kriminalsch

Spionage-Thriller aus der „Fachwerkstätte"

Die blutigen Unruhen und die Kriegswirren auf Zypern waren dem Linzer Kriminaloberstleutnant Leo Maier (52), sieben Jahre lang Mitglied unseres UNO-Kontingents auf der Insel, offenbar nicht aufregend genug: nach Dienstschluß setzte er sich an seine Schreibmaschine und verfaßte Krimisl ... erfolgreicher Thriller-Autor ... der UNO-Polizist nun ...terreich zurück und ...h in Linz wieder ...dienst.

...l gele...

Beilage 2

Von Beruf ist er Kriminalbeamter, sein Hobby ist die Kriminalschriftstellerei: Oberstleutnant Leo Maier, alias Leo Frank, präsentiert sein drittes Werk. Der Thriller „Das Archiv", der wieder Geheimdiensttätigkeit zur Grundlage hat, wird am 7. Februar ab 16.30 Uhr im Oberbankgebäude am Hauptplatz präsentiert. Leo Frank feiert dabei eine Premiere: erstmals wird er sich den Autogrammjägern stellen.

"Krone" 2. 2. 1979

Beilage 3

Frank-Fans drehen Film über Linzer Agentenbuch-Autor

Seit erst knapp einem halben Jahr besteht der Leo-Frank-Fanclub in Linz. Dennoch hat die Gemeinschaft bereits 36 Mitglieder. Durchwegs junge Leute, die begeisterte Bücherfans und von den Romanen des Linzer Kriminal-Kommissars angetan sind. Obmann des Vereines ist der ...mnasiast Gerhard Lukesch (15).

...en ersten persönlichen Kontakt ...eo Frank, der mit bürgerlichem ...n Leo Maier heißt und Oberstleutnant bei der Linzer Polizei ist, hatte Fanclub-Obmann Lukesch im Februar 1979, als er den Schriftsteller um ein Autogramm bat. Wenige Tage darauf war der Entschluß gefaßt: Lukesch gründete den Anhängerclub, für Schulschluß organisierte er eine Präsentation des Autors in der Fadingerschule.

Hauptanliegen des Fanclubs sind der Abbau der Vorurteile gegen Polizisten und die Vorstellung der Bücher Leo Franks, der nach seinen beiden Bestseller-Agentenromanen nun an einem Buch über einen Banküberfall in Paris schreibt. Im Herbst gehen die jungen L...ute daran ... Schmalfilm über

Beilage 4

Wieder ein Krimi vom Linzer Kripo-Oberst: Aus der Praxis

Hier ist ein Krimi-Autor, dem man Wirklichkeitsferne schwer nachsagen kann: Leo Frank ist selbst bei der Kripo.

Dieser Autor hat seine Inspirationen in der ...

Oft ist die Wirklichkeit leider noch viel schlimmer, als sie hier beschrieben werden kann. Dieser Roman berichtet über eine Gruppe von Kriminalbeamten, von denen einer während einer Nachtstreife von einem Verbrecher angeschossen und ...hwer verletzt wird . . .

" (Verlag Welser...), so lau... der Frank, der als Oberst der Linzer Kriminalpolizei die Verbrechensszene wie kein anderer kennt. Wieder ist ihm mit der Geschichte um die Gruppe der Pariser Kriminalbeamten, deren Kollege von einem Verbrecher niedergeschossen wurde, eine handfeste plastische Story gelungen.

Besonders treffend zeich... Frank die psychische Situ... mit der Fahndung ...

Kollegen des Opfer... dingten Wille... alle...

Beilage 5

„Mord von Beirut“ wird neues Buch von Krimi-Oberst

Wer kennt ihn nicht, den kettenrauchenden Linzer Polizeioberst Leo Maier, der als Krimiautor Leo Frank und Verfasser der Ratekrimiserie „Alles klar, Herr Kommissar?“ besser bekannt ist. Ab 1. Jänner ist der „James Bond aus Linz“ nur noch Schriftsteller. Sein nächstes Buch „Mord in Beirut“ ist seinem erschossenen Freund Gerhard Loitzenbauer gewidmet.

Leo Maier (links) und Gerhard Loitzenbauer (†) in Zypern – Ihm widmet Maier sei

Gendarm Maier – Anno 1945

Ich wollte eigentlich nie Kriminalbeamter werden, es war nur Zufall, daß ich mich 1945 bei der Gendarmerie beworhatte. Und jetzt war ich 40 e in diesem Job."

as resigniert klingt die- Satz aus dem Mund des Linzer Kriminalpolizeioberst Leo Maier, besser bekannt unter seinem Schriftstellerpseudonym Leo Frank. Vierzig Jahre bei der Exekutive, als Gendarm, Staatspolizist, UNO-Offizier und als leitender Kriminalbeamter liegen hinter ihm. Am 1. Jänner gibt er nun ndgültig seine (nie gewollte) stole in der Waffen- „Eigentlich ganz usionist all die l zu durch- lmun- zelnd bei, ohne die unvermeidliche Zigarette aus dem Mundwinkel zu nehmen.

Begonnen hatte alles nach dem Krieg, als der Gefreite der deutschen Wehrmacht Leo Maier, kaum der Uniform entkommen, „sich freiwillig in die nächste zwängt“ und den Dienst als Probegendarm in Braunau aufnimmt. Drei Jahre später ist er Postenkommandant von Ostermiething und der Schrecken der Bevölkerung: Der junge Gendarm verhaftete sogar den Bürgermeister der Nachbargemeinde und den Amtsvorstand, als er ihnen Dienstverfehlungen nachweisen konnte. „Die ganze Bevölkerung war damals auf mich angefressen und wollte mich auf dem schnellsten Wege wieder loswerden“, lacht Maier noch heute.

Im Jänner 1948 fand er sich in der oberösterreichischen Sicherheitsdirektion wieder – „mit der besten Dienstbeschreibung, die man sich vorstellen kann“. Ostermiething war erleichtert, und aus dem Gendarm Maier war ein Kriminalbeamter geworden. „Die Devise unserer Abteilung hieß die Dienstmarke im Schreibtisch zu lassen und die Vorschriften zu vergessen.“

1967, Maier war nun schon 20 Jahre „Agent“, kam der große Knacks: „Spionageskandal in Linz“ lauteten die Schlagzeilen der Tagespresse, Maier als Staatspolizist „abgeschossen“. Da nützte es auch nichts, daß sich später die Beschuldigungen als haltlos erwiesen, er war seiner Funktion enthoben. Maier wollte weg aus Österreich und bewarb sich bei der UNO für Zypern.

„Dort kann man in der Freizeit nur zwei Dinge – entweder Sp- … Erfolg versucht“, lacht Maier. „Daher begann ich in den Kneipen von Nikosia Krimis zu schreiben …“

Schreiben, das Stichwort, ist gefallen: Drei Krimis entstanden in dieser Zeit in Zypern, bis 1976 in der KURIER-Kantine der Schriftsteller Leo Frank „geboren“ wurde. Nun sind bereits sechs Romane des „Kieberers“ Leo Maier in Buchform erschienen, ein siebenter, „Die Reise nach Johannesburg“, bereits fertig geschrieben.

An einem achten Buch arbeitet er bereits: „Mord in Beirut“ ist der Tribut für einen toten Freund aus der UNO-Zeit in Zypern. Das Buch ist … burger Kri- … schossen wurde. „… nur ein Roman, so … Geschehene betr…

Heuer feiert … seine Fernseh… ORF hat sei… „Nachtstreife“ … sein Program… Man kann … Umsetzung … Fernsehkri…

In der Lin… wird es um … selten gab Ob… seine Erlebnisse … Worten zum be… sein legerer … Untergeben…

Leo Frank: „Alles klar, Herr Kommissar“

Neue Bücher des Krimiprofis

Das bekannte Casino-Wort „Rien ne va plus“ gilt für Krimi-Autor Leo Frank, 63, nicht: Nur wenige Tage nach der Österreich-Präsentation seines brandneuen Romanes „Die Bestie vom Bisamberg“ im Linzer Spielcasino kann der silbergraue „Kommissar“ stolz auf ein weiteres Buch aus seiner Feder blicken.

„Alles klar, Herr Kommissar“ ist der Titel des 100 Seiten starken Bandes, der die heiteren Ratekrimis, die mit großem Erfolg im Radio gesendet wurden, enthält. „Jetzt bin i bald bestsellerreif“, schmunzelt Leo Frank über sein neues Werk, das kommenden Sonntag in Bad Ischl vorgestellt wird. Aber auch über die Verkaufszahlen seiner „Bestie vom Bisamberg“ kann sich der Krimi-Profi freuen. „In den ersten Tagen wurden bereits mehr als 1000 Exemplare erworben. Den Leuten gefällt offenbar, was ich schreib'.“ Schauplatz des Thrillers ist Wien: Drei Kriminalbeamte fahnden – mit oft nicht den Dienstvorschriften entsprechenden Methoden – nach einem Sexualattentäter, der sein letztes Opfer ermordet. Eine Falle mißlingt zunächst, doch dann ist plötzlich alles klar … Übrigens: Im Spielcasino versuchte sich Leo Frank bei der Verlosung von fünf Büchern auch als Croupier am Roulette-Tisch. „Wie ein richtiger Profi“, schmunzelte Casino-Direktor Robert Ottitsch, als der Ex-„Kieberer“ gekonnt die Elfenbeinkugel warf.

GERHARD LUKESCH

Beilage 6

Die Amtsmüdigkeit

Die Zeit vergeht – ich werde alt.

Das merke ich bei meinem Nebenberuf, dem Romanschreiben. Wenn ich abends von der Polizeidirektion heimkomme, esse und mich dann zum Schreibtisch setze, fällt es mir immer schwerer, bis Mitternacht zu tippen. Es fehlt mir nicht an Ideen – ich schreibe ja nur Krimis (inzwischen sind es achtzehn geworden). Aber das lange Sitzen bei der Schreibmaschine wird mit den Jahren immer ermüdender.

Ich werde zum Oberst befördert, auch eine Alterserscheinung. Nun bin ich Chef von 140 Kriminalbeamten. Inspektoratsleiter nennt man das in der Beamtensprache. Täglich muß ich jetzt um halb neun in der Früh zum Rapport mit den anderen Abteilungsleitern zum Polizeidirektor. Dr. Koller ist schon in Pension, und mit seinem Nachfolger vertrage ich mich überhaupt nicht. Er will mir dauernd Vorschriften machen, wie dieses oder jenes zu geschehen hätte, und ich lasse mir nichts einreden von einem Juristen, der von der praktischen Kriminalitätsbekämpfung keine Ahnung hat. Auch vertrage ich keine Parteibüchl-Interventionen und bemühe mich, die Kriminalbeamten ausschließlich nach Leistung zu befördern und zu ernennen. Die Kollegen danken mir das mit großem Fleiß und Einsatz, wir haben eine durchschnittliche Aufklärungsquote von über 85 Prozent, liegen im österreichischen Spitzenfeld. Das ist stets mein letztes Argument bei den Auseinandersetzungen, und dagegen kann er nichts einwenden. Der Erfolg beweist, daß wir es richtig machen.

Immer häufiger denke ich an meine Pensionierung. Das ist bei Beamten so: mit 60 kann man, mit 65 muß man. Ich bin jetzt 59 Jahre alt und besuche eines Tages unseren Polizeiarzt, den Dr. Wallnöfer. »Geh, untersuch mich«, sage ich, »vielleicht findest was, ich mag nimmer.«

Er grinst und fragt mich, ob mir was weh tut.

Mir tut nichts weh, und das sage ich ihm auch. Ich habe Vertrauen zu dem Doktor seit unserer ersten gemeinsamen Amtshandlung. Das war Jahre vorher, das muß ich noch erzählen:

In einer Vorstadtkneipe wurde eines Nachts nach einem Streit ein englischer Fernfahrer erschossen. Wie zumeist ging es um ein Mädchen. Der Täter war ein amtsbekannter Linzer, aber er war flüchtig. In der Früh hatte ich also die Fahndung nach ihm zu leiten.

Gegen Mittag meldete mir Inspektor Kreuzer einen »Zund«. Ich fahre mit ihm in ein Lokal, dort sitzt eine Frau mit ihrem Freund, einem Taxifahrer. Die Frau erzählt nervös:

Der Täter wohnt in ihrer Nachbarschaft. In den Morgenstunden läutete er bei ihrer Wohnung, kam hinein, erzählte von der Schießerei. Er ist immer noch in der Wohnung, aber auch die Mutter der Frau. Sie fürchtet, er könnte der Mutter etwas antun, wenn ihn die Polizei verhaften will.

Ich überlege. Melde ich den Sachverhalt in die Direktion, ist alles weitere klar. Die Alarmabteilung rückt aus, umstellt den Häuserblock. Er wird mit Lautsprecher aufgefordert, mit erhobenen Händen herauszukommen. Und was ist, wenn er durchdreht und das Mutterl in der Wohnung umbringt? Ich entschließe mich, mit zwei Kriminalbeamten in die Wohnung zu fahren. Die Frau fährt hinter uns mit ihrem Freund, dem Taxler.

Wir kommen in die Wohnung. Ich beruhige ihn, er leistet keinen Widerstand. Er will auch mitgehen, aber verlangt von mir, vorher in seine Wohnung gebracht zu werden. Er will sich waschen, rasieren und umziehen.

»Sei kein Trottel«, sage ich zu ihm, »das Ganze war eine besoffene Angelegenheit. Du kommst jetzt mit und wirst vom Polizeiarzt untersucht. Wenn Du frisch gewaschen und umgezogen bist, ist das nur erschwerend für Dich.« Das sieht er ein.

Die Pistole habe er versteckt, sagt er. Wir durchsuchen ihn, finden nichts.

Alles o.k. Dann aber wird er wieder pampig. In unser Polizeiauto will er nicht einsteigen. Ist mir auch egal. Fahren wir halt mit dem Taxi, bestimme ich. So geschieht das auch.

Wir kommen mit dem Taxi samt Täter in den Hof der Direktion. Die Polizisten brüllen vor Lachen, das war doch noch nie da: Der Oberst Maier bringt den verhafteten Mörder mit einem Taxi. – Sehr vornehm!

Ich führe ihn dem Polizeiarzt vor. Während der Untersuchung frage ich nach dem Versteck der Pistole. Wieder wird er pampig, will nichts sagen. Dr. Wallnöfer dreht ihn zu sich: »Sag sofort das Versteck, sonst hast eine Watschen von mir.«

Er sagt es.

Wir finden die Tatwaffe auch dort. Dr. Wallnöfer hat meine volle Sympathie gewonnen.

»Wenn dir nichts weh tut«, sagt er, »dann bleib halt noch die paar Monate. Wer weiß, was ich alles finde, wenn ich Dich untersuch. Dann freut Dich das Leben womöglich nimmer.«

Da hat er recht.

Ich erzähle ihm von meinen ständigen Reibereien mit dem Direktor. Erst heute früh hat er mir vorgeworfen, daß ich bei Nachtstreifen oft in übelbeleumundeten Lokalen herumsitze. Mein Argument war: Ein Tischler muß sich mit Holz auskennen, ein Spengler mit Blech, ein Kriminalbeamter mit Kriminellen. Und wo finde ich die? Na, in der Kirche wahrscheinlich nicht. Eher dort, wo sie beisammen sitzen – in den Puffs und in den miesen Kneipen. »Und weißt du, was der Trottel gesagt hat?« ende ich, »er meint, die Prostitution gehört verboten. So etwas Blödes habe ich schon lange nicht gehört.«

»Erzähl ihm doch die Geschichte von dem Mäulbrunzer«, schlägt er mir vor.

Dem Direktor hab ich sie nicht erzählt. Aber meinen Lesern will ich sie nicht vorenthalten:

Wir hatten da andauernd sogenannte Raubfälle an Prostituierten und immer mit dem gleichen Hergang. Am Gassenstrich in der Altstadt stiegen die Huren in ein Auto, der Kunde fuhr zum Römerberg, nach dem Geschäft führte er das Weib wieder in die Stadt und alles war in Ordnung. Nun passierte es in der letzten Zeit manchmal, daß ein unbekannter Kunde sie am Römerberg aus dem Auto stieß, nachdem er ihr zuvor die Handtasche weggenommen hatte. Die Tasche wurde später irgendwo gefunden, aber ohne Geld. Sachbearbeiter war Inspektor Günter Wiesinger – ich nahm ihn bei einer Nachtstreife mit.

Im Babaloo in der Altstadt zahlte ich den Prostituierten zuerst ein paar Glaserln. Dann wollten wir wissen, was sie eigentlich von diesen sonderbaren »Räuberln« halten.

Zuerst verlegenes Schweigen und Schmunzeln.

Also noch ein paar Glaserln.

Gesprächiger geworden, sagt eine: »Das ist immer der Mäulbrunzer.«

Mäulbrunzer???

Ich will Näheres wissen. Langsam und zögernd erzählt man mir folgende Geschichte:

Einer der besten Stammgäste der Strichweiber ist ein namentlich unbekannter, etwa 30jähriger Linzer, ein sexuell Abnormaler. Er verlangt von den Weibern, daß sie ihm in den Mund urinieren, dabei befriedigt er sich selber, zahlt dann und alles ist in Ordnung. Manchmal aber kommt es vor, daß die Prostituierte gerade nicht urinieren kann. Dann wird er aggressiv, wird handgreiflich, wirft sie aus dem Auto. Man nennt ihn also den »Mäulbrunzer«.

Ich lasse mir Einzelheiten von ihm erzählen, sein Auto beschreiben. Inspektor Wiesinger notiert sich alles. Zwei Tage später hat er ihn ausgeforscht, verhaftet. Beim Verhör rufe ich den Polizeiarzt hinzu, er muß ihn ja auch untersuchen. Der Mann ist voll geständig. Er ist unbescholten, hat einen angesehenen Beruf im Baufach.

Nachher unterhalte ich mich mit Dr. Wallnöfer. Wir sind einer Meinung: Es gibt mehr sexuell abartige Männer, als man glaubt. Ich erinnere mich an eine im neunten Monat schwangere Hure, der ich Vorhalte machte, weil sie noch immer am Strich ging. Ihre Antwort überraschte mich: Noch nie wäre das Geschäft für sie so gut gegangen wie jetzt, da viele Kunden eben ihren dicken Bauch besonders anziehend finden. Eine andere, ein junges drogenabhängiges Mädchen machte einen Selbstmordversuch, warf sich vor einen Zug. Ein Bein mußte ihr amputiert werden. Mit einer Krücke ging sie wieder auf den Gassenstrich. Und auch sie sagt mir: Das Geschäft ginge jetzt viel besser als zuvor, weil sie halt mit ihrem Beinstummel etwas Ungewöhnliches wäre.

Dr. Wallnöfer spricht mir aus dem Herzen, als er meint, ohne Prostitution könnten unsere Frauen nicht mehr sicher auf der Straße sein, denn wo sollten sich die Abartigen abreagieren, wenn es keine Strichmädchen mehr gäbe.

»Woher kommt überhaupt dieser Ausdruck ›am Strich gehen‹«, fragt er mich. Ich kann es ihm erklären:

In der k.u.k. Zeit wurde in Wien die Prostitution von der Sittenpolizei kontrolliert, und diese wies den Huren in bestimmten Gassen einen kleinen Rayon zu, den sie aber nicht überschreiten durften. Es gab immer wieder Streitigkeiten, weil die Mädchen diese Rayone überschritten. So pinselte die Sittenpolizei Striche auf das Trottoir, Grenzlinien gewissermaßen. Nur innerhalb dieser Striche also durften die Weiber auf Kundenfang gehen. Daher also der Ausdruck.

Die Monate vergehen. Jetzt bin ich im 60. Lebensjahr. Mit Jahresende gehe ich in Pension. Ich melde das dem Polizeidirektor, er nimmt es erfreut zur Kenntnis. Er ist ehrlich froh, mich loszuwerden.

Die Kriminalbeamten sind gar nicht erfreut. Die Personalvertreter kommen zu mir, wollen mich überreden noch zu bleiben. Recht schmeichelhaft für mich, aber ich habe ein Argument, wogegen man nichts einwenden kann. Ich habe mir den Unterschied zwischen meinem Aktivgehalt und den Pensionsbezug ausrechnen lassen. Um ganze 2100 Schilling bekomme ich als Pensionist weniger. »Wer für 2100 Schilling ein ganzes Monat lang arbeitet«, sage ich, »der muß ein Volltrottel sein.« Die Kollegen grinsen, geben mir aber recht.

Seit sechs Jahren bin ich jetzt in Pension. Ein herrliches Gefühl! Keinen Ärger mehr mit Verbrechern, Mäulbrunzern und Polizeidirektoren. Meine jüngeren Freunde beneiden mich. »Du hast es gut«, sagen sie, wenn sie mich im Kaffeehaus sitzen sehen. Manchmal werde ich leicht ärgerlich deshalb. »Du mußt halt auch erst einmal vierzig Jahre lang arbeiten!« erwidere ich, »dann hast du es auch gut.«

Ich schreibe weiterhin Kriminalromane, wenn ich nicht gerade im Kaffeehaus Zeitungen lese. Und so wie ich für alles, was ich hier behauptet habe, die Beweisstücke beilegte, so auch für diese meine beiden Beschäftigungen. Siehe umseitige Fotos.

Irans Botschafter in Wien
keinerlei Verbindungen
zu Terroristen
MORGENAUSGABE
KURIER
Erste Gewinnerin!
5 MILLIONEN

Der Aktenvermerk

Sollte sich jemand bis zu diesen Zeilen durchgerungen haben, muß er geradezu meinen, mein Leben habe nur aus Polizeidienst bestanden. Na, ganz so war es auch wieder nicht. In jungen Jahren habe ich, wenn ich nicht arbeiten mußte, viel Sport betrieben und war da überaus ehrgeizig. Fußball, Handball, Tennis, Schwimmen, Leichtathletik. Dreimal war ich österreichischer Polizei-Fünfkampfmeister. Bis fast zu meinem Sechziger lief ich täglich meine zehn Kilometer, heutzutage nennt man das Jogging. Jetzt besteht mein täglicher Sport aus Zeitunglesen und Kaffeetrinken, ab 15 Uhr wechselt der Kaffee dann zu Wein. Ausgleichssport ist fallweises Taubenfüttern im Park und Kreuzworträtsel auflösen.

Verheiratet war ich auch, aber nur zweimal. Aus erster Ehe habe ich einen jetzt 36jährigen Sohn Leo, auf den ich recht stolz bin. Er ist Magister und unterrichtet an einer Mittelschule in Braunau. Aus der zweiten eine jetzt 23jährige Tochter Natalie, auf die ich noch stolzer bin. Sie ist jetzt Flugbegleiterin bei Lauda-Air und in ihren jungen Jahren auf dieser Welt schon weiter herumgekommen als ihr Papi.

Manchmal bekomme ich von ihr Ansichtskarten von Sri Lanka, Jamaika, Hongkong und anderen Ortschaften. Auch hiefür beiliegend die üblichen Beweismittel.

So, das wär's also, danke für Ihr Interesse.

LEO FRANK

Mein Speiszettel

Folgende Bücher sind unter anderem von Leo Frank, dem Schriftstellerpseudonym unseres Autors bisher erschienen, folgende TV-Krimis wurden nach seinen Drehbüchern produziert und ausgestrahlt:

DER PROGRAMMIERTE AGENT
verfilmt in der Reihe Tatort

ZIKADEN SINGEN NICHT
verfilmt in der Serie Eurocops

DAS ARCHIV
verfilmt in der Reihe Tatort

DIE SPRECHPUPPE

INSPEKTOR PERNELL

DIE 13 STUNDEN DER CHRISTINE MAGINOT
verfilmt in der Reihe Tatort

OPERATION JOHANNESBURG

NACHTSTREIFE
verfilmt in der Reihe Tatort

Die Bestie vom Bisamberg
verfilmt in der Serie Eurocops

Igolka

Kanonen für Tripolis

Alles klar, Herr Kommissar?

Flucht in den Tod

Räuber und Gendarm

Gold und Tribadie
ausgestrahlt in der Serie Eurocops, Buch folgt

Das Häfenlatein

Die österreichische Gaunersprache der Kieberer und der Strizzis (auszugsweise ein paar Beispiele):

gestopft = reich
flach = arm
Achter = Handfessel
Warmer, Arschficker = Homosexueller
Puffer = Pistole, Revolver
Kieberer = Polizist, österreichische Schreibweise, kommt wie Haberer bzw. Hawarer (von Hawer) aus dem Hebräischen (Kiber = der Polizist)
Haberer = Freund
am Strich gehen = Prostitution
heiße Ware = Diebsgut
Fladerer = Dieb
fladern = stehlen
Maschen = Art der Tatbegehung
blau = betrunken
Schmier, Heh = Polizei
Schanti = Gendarm

schmieren = bestechen
heimdrehen = töten
singen, ablegen = gestehen
Marie = Geld
Stoff = Suchtgift
Tschecherant = Trinker
Wickel = Schwierigkeit
Zund = Hinweis
wamsen = tratschen, verraten
Steher = einer, der bei Verhören schweigt
Span = Zigarette
Strizzi = Gauner
frank = nicht vorbestraft
Deckel = Führerschein oder Prostitutions-Ausweis
die Mauer machen, meier gehen = fliehen
niederlegen, speiben = gestehen
Krachn, Puffn = Pistole, Revolver
Speiskarten = Strafregisterauszug
Bruch = Einbruch
einen meier machen = jemanden umbringen
Häfen = Gefängnis
aufstellen = etwas organisieren
verdrahn = verkaufen
Tippler = Spieler, vor allem Kartenspieler
Springer = Springmesser
Hütt'n = Haus
pecken, gepeckt = tätowieren, tätowiert
warm abtragen = in Brand stecken, Brandstiftung
eine Schwalbe machen = abhauen, flüchten

Die ehrbare Hure

Einleitende Erklärung

Um dem geschätzten Leser einmal einen Blick hinter die Kulissen des Werdeganges eines Fernsehkrimis zu ermöglichen, hier kurz der technische Vorgang: Die folgenden Seiten, die vom Umfang her eigentlich bereits einen kompletten Krimi, der auch für ein Buch geeignet wäre, darstellen, reiche ich beim zuständigen Redakteur – selbstverständlich gibt es einen solchen beim ORF für die Fernsehkrimis – Ernst Petz ein. In diesem Fall geschah das im Mai 1993. Nach ein paar Wochen oder Monaten erhalte ich dann von diesem ein Echo auf meinen Vorschlag für einen TV-Krimi in Form eines Kommentars.

Das kann, das muß aber noch nicht viel heißen. Denn bis ein eingereichter Vorschlag wirklich in die Nähe der Realisierung, also der Verfilmung kommen kann, gilt es, eine Reihe von Hürden zu überwinden. Die erste ist jene der Quantität, denn Leo Frank ist nicht der einzige Autor, der Krimis fürs Fernsehen schreibt. Die zweite ist jene des Geldes – der beste Krimi wird nicht realisiert, wenn dafür im Budgetplan des ORF nicht der entsprechend dotierte Produktionsetat bereitgestellt ist. Der dritte und noch immer nicht letzte ist der der Programmpolitik. Denn es nützt auch die spannendste Vorlage niemandem, wenn es für sie nicht den passenden Rahmen, also die Krimi-Serie gibt, für die der Stoff geeignet ist. In der Vergangenheit habe ich sowohl für die Serien Tatort als auch Eurocops Krimis und Drehbücher geschrieben. Wo der der »Ehrbaren Hure« – und ob überhaupt – landen wird, ist im Moment, in dem ich diese Zeilen schreibe, noch völlig offen.

Gesetzt den Fall, es wird was draus. Also: Es gibt den passenden Rahmen (die TV-Krimi-Serie), die allfällige Koproduktionsanstalt des ORF und deren für Krimis zuständige Redaktion ist mit dem Stoff einverstanden, dann bekomme ich normalerweise den Auftrag, aus dem Stoff ein Drehbuch zu schreiben. Ein Drehbuch ist nichts anderes als ein Manuskript, das nicht nur Inhalte und Dialoge, sondern auch ein paar gestalterische Vorstellungen enthält. Mit diesem und den ihm allfällig notwendig scheinenden Adaptionen, die entweder wieder ich in Auftrag kriege oder die der Regisseur mit mir gemeinsam oder, die er auch ganz alleine macht, ist dann jene Basis geschaffen, die es ermöglicht, die Produktion des Krimis zu planen und letztlich zu realisieren. Nach meist acht Wochen Drehzeit sind die erforderlichen Szenen für einen 90-Minuten-Krimi im Kasten, dann wird entwickelt, geschnitten, kommen Ton und Musik dazu. Und dann schließlich wird der Krimi eines Tages im Fernsehprogramm des ORF angesetzt. Das kann lang dauern. Es kann aber auch nie dazu kommen. Ihnen aber will ich den Genuß eines Frank-Krimis, der diese meine Biographie abrunden soll, nicht vorenthalten. Sie können sich selbst eine Meinung bilden, ob »Die ehrbare Hure« ins Fernsehen soll oder nicht.

Selbstverständlich trägt auch dieser Stoff autobiographische Züge. Denn was für mich für die meisten Krimis in Buchform gilt, ist auch bei den üblichen Fernsehkrimis der Fall: Es ärgert mich, was da für ein Berufsbild von uns Kriminesern gezeichnet wird. Üblicherweise fährt da also der Kommissar Mercedes oder BMW, der Assistent sitzt auf Motorrad oder in einem Porsche. Der Fall – egal wie konstruiert – ist dann meist nach ein paar Schluck Kaffee und zehnsekündigem Grübeln sonnenklar.

Der Zuschauer erhält das Bild einer homogenen Erfolgstruppe, die in der Öffentlichkeit Ansehen und nur bei Schuldigen respektvolle Angst genießt. Von Familie und Privatleben findet man in den erfolgreichsten Serien nicht einmal Spuren – die Hauptdarsteller-Kieberer sind durchwegs Singles. In meinen Krimis dagegen bemühe ich mich, zumindest die Schatten der Realität, des Polizeialltags in das Geschehen zu werfen. Der Beruf ist ein Beruf wie andere auch – nur ist er wesentlich unangenehmer für die Ausübenden und besonders schlimm für dessen Angehörige. Weil es ganz einfach unabänderlich so ist, daß ein Polizist – dafür ist er ja da in unserer Gesellschaft – von der ersten bis zur letzten Stunde seines Dienstes nur mit den negativen Seiten, mit den übelsten Auswüchsen, mit den schlimmsten Abgründen menschlichen Lebens und menschlichen Zusammenlebens zu tun hat. Es ist sein Job, das ist wahr. Die Gesellschaft versucht den Polizisten ja schließlich auch halbwegs adäquat dafür zu entlohnen, daß sie sich den schöneren Seiten des Lebens zuwenden kann.

Natürlich weiß jeder, der zur Polizei geht, worauf er sich da einläßt. Und trotzdem könnte es jeder noch besser wissen, wenn Image und Klischees dieses Berufes und seiner Ausübenden nicht so stark von phantasiereichen Kino-, TV- und Romanphantasien mitgeprägt würden. Das würde das Zusammenleben zwischen Polizei und Gesellschaft, deren Mitglieder Polizisten ja schließlich auch sind, erheblich erleichtern. Es gibt weniger Helden unter den Menschen, als man denkt – warum sollte es just bei der Polizei davon so viele geben, die keine Angst vor der Kugel eines Verbrechers haben, die nicht das Dahinter fürchten, wenn sie eine Tür öffnen. Warum müssen Polizisten so abgebrüht sein, daß sie sich beim Anblick einer übel zugerichteten Leiche nicht ankotzen? Warum soll es ihnen egal sein, warum sollte ihnen nicht aus ohnmächtiger Wut zum Heulen sein, wenn sie Drogenkinder vom Strich fischen, die dem Alter und der familiären Herkunft nach auch ihre eigenen oder die ihrer Nachbarn sein könnten? Warum erwartet man Haltung von ihnen, wenn sie einen Übeltäter nach Wochen mühsamster Kleinarbeit endlich überführen und der Staatsanwalt ihn dann auf freien Fuß entläßt?

Die Personen meiner Krimi-Stoffe sind keine schillernden Überhelden, die Taten keine phantasiereich gestrickten Superfälle. Die Wahrheit des Alltags ist mir lieber als der Ansatzpunkt für eine tolle Actionszene mit vielen Schüssen und noch mehr Blut. Wer mich – aus dem Leben oder diesem Buch – ein bißchen kennengelernt hat, wird daher einiges an der »Ehrbaren Hure« wiederfinden, was er von mir schon gehört und gelesen hat. Vor allem aber ist es wirklich Erlebtes, das ich hineinverarbeitet habe. Und nach bald zehn Jahren Pension ist der Abstand zu meiner Eitelkeit so groß geworden, daß ich es erstmals überhaupt wagte, auch einem Kommissar persönliche und autobiographische Züge – und somit ein bißchen von mir – auf den Leib zu schreiben. Sie werden sehen – wenn Gott, das heißt, der ORF, will – und lesen, daß die Beteiligten dieses Falles jedenfalls alles andere als übermenschlich, heldenhaft, vorbildlich, kritiklos, toll, bewundernswert, schön, schießwütig, geil, sportlich, schnell, raffiniert, verrucht, erfolgreich, neidlos, gefaßt, cool, reich, sorglos, modisch, ausgefüllt, nachahmenswert, zufrieden, hintertrieben, glücklich und über allen Dingen stehend sind. Wenn, dann sind alle ein bißchen von allem. So wie jeder Mensch im wirklichen Leben auch.

So, und nun mitten hinein ins Geschehen und viel Spaß beim Lesen!

Ihr Leo Maier alias Leo Frank

Die ehrbare Hure

Am ersten Jänner des Jahres 1993 ist das Wetter in Wien kalt und regnerisch. Trotzdem beschließt der alte Kriminalinspektor Hammerlang, den Weg von seiner Wohnung ins Kommissariat zu Fuß zu gehen. Er hat schlecht geschlafen und ist grantig. Gefeiert hat der alleinstehende Alte nicht, gegen 22 Uhr hatte er den Fernseher abgedreht und war ins Bett gekrochen. Um Mitternacht war er von der unvermeidlichen Silvesterknallerei aus dem Schlaf gerissen worden und erst wieder in den Morgenstunden eingeschlafen.

Nun spaziert er gemächlich zu seiner Dienststelle, den Mantelkragen hochgestellt, die Hände in den Taschen. Hut und Handschuhe sind Kleidungsstücke, die der Alte nicht kennt. Sein dichtes weißes Haar macht eine Kopfbedeckung unnötig, und wozu hat man Hosentaschen!

Mißmutig registriert er die Reste der Feuerwerkskörper, die überall herumliegen. Dazwischen leere Flaschen, Glasscherben, Sektkorken und Zigarettenschachteln. Der Arrest am Kommissariat würde sicherlich wieder voll sein von betrunkenen Randalierern und Raufern. Wie jedes Jahr um diese Zeit. Was Schlimmeres konnte aber nicht passiert sein, man hätte ihn sonst angerufen.

Das Kommissariat im 12. Wiener Gemeindebezirk ist ein alter, häßlicher Bau, und als der Chefinspektor ins Wachzimmer kommt, salutiert der Wachkommandant und wünscht ihm ein gutes neues Jahr. »Mein letztes«, grinst Hammerlang, »mein letztes im Dienst, in sechs Monaten bin ich in Pension.« Dann läßt er sich kurz berichten, und es ist alles so, wie er erwartet hatte: neun Häftlinge zur Ausnüchterung, vier Sachbeschädigungen, ein Messerstecher und ein verhinderter Notzüchtler. Die Laune des Alten bessert sich keineswegs. Er ersucht den Wachkommandanten um eine Schale Kaffee und geht dann in sein Dienstzimmer.

Er hat die Handakte noch gar nicht durchgeblättert, als der Wachkommandant mit dem Kaffee hereinkommt. »Der Stadthauptmann hat auch schon angerufen«, sagt er beiläufig. »Er wird in einer halben Stunde kommen.« Hammerlang hustet in den Kaffee. Stadthauptmann nennt man in Wien den Leiter eines Bezirkskommissariates, natürlich ist das ein Studierter, ein Jurist. Die Aussicht, seinen Hofrat auch am Neujahrstag sehen zu müssen, verdichtet den Grant des Chefinspektors spürbar.

Der Hofrat ist ein relativ junger und überaus ambitionierter Beamter, er würde gerne Polizeipräsident oder wenigstens Ministerialrat im Innenministerium werden und feilt deshalb ständig an seinem Image. Er gibt gerne Pressekonferenzen und will am liebsten täglich in den Zeitungen genannt sein. Das geht am besten nach Aufklärung spektakulärer Kriminalfälle, und deshalb liegt ihm seine Kriminalabteilung sehr am Herzen.

Der Chefinspektor will gerade das Gegenteil: in Ruhe arbeiten und kein Hochspielen der Fälle.

Diese gegensätzlichen Auffassungen hatten dazu geführt, daß der Hofrat seinen Leiter der Kriminalabteilung überhaupt nicht mehr leiden kann, und dies beruht ganz auf Gegenseitigkeit. Nur drückt sich der Alte direkter, nicht so vornehm aus wie der Jurist. Bezeichnet der Hofrat seinen Chefinspektor höheren Ortes als einen eben altmodischen Halbsenilen, nennt der Hammerlang den Stadthauptmann in Kollegenkreisen durchaus auch ein wichtigtuerisches Arschloch.

Joschi Hammerlang vertieft sich nun in den Tagesbericht. Der Fall des verhinderten Notzüchtlers interessiert ihn. Ein dreißigjähriger Bauarbeiter hatte im Kreise von Arbeitskollegen im Gasthaus »Zum Goldenen Ochsen« gefeiert, nach Mitternacht waren alle besoffen. Als die Kellnerin einmal ins Damenklo mußte, folgte ihr der Kerl. Dort entblößte er sein erektiertes Glied und begrapschte die mollige Serviererin. Sie begann zu schreien, er wollte ihr den Hals zudrücken. Durch den Lärm alarmiert, kam der goldene Ochsenwirt ins Damenklo und beendete die Szene. Die Funkstreife wurde gerufen, die Uniformierten brachten den Exhibitionisten ins Kommissariat. Dort stellte das besoffene Schwein das Ganze als einen harmlosen Spaß dar, und der Journalrichter verweigerte einen Haftbefehl. Der Mann wurde entlassen, war auf freiem Fuß anzuzeigen. Der Chefinspektor flucht. Er hat eine Reihe ungeklärter ähnlicher Fälle im Bezirk, und als Häftling wäre so einem Kerl halt eher was nachzuweisen gewesen.

Das Telefon schnarrt. Der Herr Stadthauptmann ist am

Apparat und beordert seinen Kripochef in sein Büro. Wieder flucht der Alte. Das ist auch so eine Angewohnheit des Hofrates, ihn vor seinem Schreibtisch stehen zu lassen und einen Lagebericht zu erwarten. Sein Vorgänger war einfach in sein Büro gekommen und hatte gefragt, ob es irgend etwas Neues gäbe. Na ja.

»Was haben Sie mir zu berichten?« eröffnet der Hofrat die Feindseligkeiten.

»Nichts«, grantelt der Alte.

»Nichts?!« – Alle dienstliche Empörung liegt in diesem Ausruf.

»Steht ja alles im Tagesbericht«, murrt der Chefinspektor und deutet auf die Schreibtischplatte. »Kann ich jetzt gehen?«

Der Hofrat überhört diese Bemerkung, seine Stirn zeigt nur eine steile Falte. »Gestern war ich im Sicherheitsbüro«, sagt er gedehnt, »Ihre Rolle bei der Aufklärung dieser beiden Frauenmorde vor drei Monaten ... ist ja alles recht lobenswert ..., aber im Sicherheitsbüro ist man nicht mit allem einverstanden, was Sie da gemacht haben. Und es soll auch verschiedene Versäumnisse geben ...«

»Die sollen mich am Arsch lecken, die Herren Juristen vom Sicherheitsbüro«, unterbricht der Chefinspektor harsch. »Kann ich jetzt gehen?«

»Ich höre da Gerüchte«, wechselt der Hofrat das Thema, »daß Sie heuer in den Ruhestand gehen wollen. Stimmt das? ... Schließlich muß ich mich da um eine Nachfolge kümmern ...«

»Es stimmt«, antwortet Hammerlang knapp und trocken. »Einen Tag nach meinem Geburtstag mache ich mein Pensionsgesuch!« Dann dreht er sich um und verläßt das Zimmer. Ein drittes Mal will er nicht um Erlaubnis fragen.

Der Hofrat nimmt diese Unhöflichkeit gelassen auf. Er lächelt sogar. Die Aussicht, seinen unbotmäßigen Untergebenen bald los zu sein, hat für die Zukunft immerhin etwas Erfreuliches für ihn. Und das Wissen, daß sich der Alte nun in seinem Zimmer noch Stunden über diesen Rapport ärgern wird, erfüllt ihn gleich mit der notwendigen Freude, die man braucht, im Dienst, an so einem allgemeinen Feiertag.

In Österreich können Polizeibeamte nach Erreichen des 60. Lebensjahres in Pension gehen, mit 65 müssen sie es. Innerhalb dieser Zeitspanne hat der Beamte jederzeit das Recht auf einen Ruhestand. Es gibt solche, die können den 60. Geburtstag gar nicht erwarten, andere aber bleiben bis 65 und haben hiefür alle möglichen Ausreden. In Wahrheit wissen sie eben mit ihrer Freizeit nichts anzufangen. Meistens schützen sie finanzielle Gründe vor, weil doch die Aktivbezüge höher sind als die Pension.

Hammerlang gehört nicht zu dieser Gruppe. Er hat sich seine Ruhebezüge ausrechnen lassen und dabei festgestellt, daß er um ganze 2100 Schilling weniger ausbezahlt bekommt, ginge er mit sechzig statt fünf Jahre später in die Rente. »Wer um 2100 Schilling ein Monat lang arbeitet, ist ein Depp, wer das ein Jahr lang macht, ist ein Idiot, aber wer das fünf Jahre lang macht, muß ein Volltrottel sein!« lautet stets der Hammerlangsche Diskussionsbeitrag, geht es wieder einmal um dieses leidige Thema. »Da verhatsche ich im Dienst ja mehr Geld für Schuhabsätze«, erweitert er dann manchmal diesen Kommentar noch um eine zutiefst ökonomische Perspektive. Selbst bei ernsthaften Erörterungen dieses Problems hat er seine individuelle Ansicht. Besonders dann, wenn er von Außenstehenden gefragt wird, ob ihm im Ruhestand sein »interessanter kriminalistischer Beruf« nicht abgehen würde. Sobald die Wortkombination »interessanter kriminalistischer Beruf« fällt, verzieht der Alte automatisch sein Gesicht. Wenn er mitteilungsbedürftig ist, erläutert er die Grimasse auch noch mit einem zusätzlichen: »Das glauben die Leute nur, das kommt von den blödsinnigen wirklichkeitsfremden Krimis im Fernsehen. Unsere Arbeit ist nicht anders als die meisten Berufe, und wenn man vierzig Jahre lang nur mit Gaunern, Dieben, Räubern, Betrügern, Huren, Zuhältern und Polizeijuristen zu tun hat, ist man doch froh, dieses Gesindel nicht mehr sehen zu müssen.«

Gegen dieses Argument ist dann letztlich schwer noch etwas einzuwenden.

Wieder in seinem Büro, sinniert Joschi Hammerlang eine Weile über die Bemerkung seines Chefs – die angeblichen Versäumnisse bei den letzten zwei Mordfällen im Bezirk und die Kritik des Sicherheitsbüro betreffend. Er kann sich das recht gut vorstellen. Normalerweise werden in Wien Kapitalverbrechen vom Sicherheitsbüro und von einer dort eigens dafür aufgestellten Spezialtruppe bearbeitet. Nur wenn ein Fall völlig klar liegt, sozusagen deppensicher ist, und die Kriminalabteilung des örtlich zuständigen Kommissariates leicht das Auslangen findet, wird so ein Fall auch ohne Sicherheitsbüro bearbeitet. Das traf nach Ansicht Hammerlangs bei den beiden Frauenmorden zu – die Ansicht des Sicherheitsbüros allerdings war gegenteilig. Nachdem Hammerlang mit seinen Meidlinger Kollegen den

Mörder ausgeforscht und verhaftet, die Beweismittel sichergestellt und ein volles Geständnis des Täters erreicht hatte, wäre das Sicherheitsbüro halt noch gern aktiv geworden. Denn ein Erfolg hat ja viele Väter, nur der Mißerfolg ist ein Waisenkind.

Hammerlang aber hatte sich jede Einmischung verbeten. Zu viele Köche verderben den Brei, hat er gemeint. Es war ihm aber klar, daß seine Anzeige an das Landesgericht auch im Sicherheitsbüro kritisch gelesen werden würde. Na, und wer will, findet hinterher immer irgendwas, was angeblich besser oder ausführlicher getan hätte werden können. Insbesondere was die Länge seiner schriftlichen Gerichtsanzeige betraf, hat man im Sicherheitsbüro wahrscheinlich empört aufgeschrien. Denn Joschi Hammerlang pflegt seine Anzeigen kurz und sachlich zu halten. Der Doppelmordakt ist samt Beilagen, Skizzen und Fotos nicht mehr als ganze 26 Seiten lang. Vom Sicherheitsbüro wären vermutlich mehr als doppelt so viele geschrieben worden.

Eine Minute lang denkt er daran, Freunde im Sicherheitsbüro anzurufen und sich zu erkundigen. Dann läßt er es aber bleiben und ruft statt dessen die Kriminalbeamtin zu sich, um mit ihr den gestrigen Fall dieses Saukerls vom Goldenen Ochsen zu besprechen.

Frau Inspektor Dorothea Winter ist ein hübsches, kluges Weib von 36 Jahren, darüber hinaus verheiratet und Mutter eines zehnjährigen Buben. Sie war einst österreichische Judo-Meisterin und betreibt diesen Sport immer noch. Joschi Hammerlang schätzt sie nicht nur wegen ihres angenehmen Äußeren, er hat sie auch als Kriminalistin in der Praxis kennengelernt und behauptet in Kollegenkreisen gern, daß sie mehr kriminalistischen Verstand unter dem Kittel als der Hofrat im Kopf habe. Sie ist diese Art von Komplimenten ihres Chefs gewohnt und lacht selbst dann noch, wenn er bei einem Glas Wein behauptet, daß er ganz sicher ein intimes Verhältnis mit ihr hätte, wäre er nur zwanzig Jahre jünger. Und sie lacht weiter, wenn die Zahl dieser Jahre mit jedem weiteren Glas sinkt. Sie weiß bereits, daß er spätestens, wenn er bei fünf Jahren angelangt ist, ohnehin zu trinken aufhört, nur um nicht den Wahrheitsbeweis antreten zu müssen.

Aufmerksam liest sie diesen Bericht über den Vorfall im Damenklo des Goldenen Ochsen. »Ich soll also die Kellnerin noch einmal befragen?« meint sie dann, und der Chefinspektor nickt. Frauen können mit Frauen über solche Dinge eben besser reden, und dazu hat man ja weibliche Kriminalbeamte.

»Das mach ich morgen«, sagt Dorothea, und wieder nickt der Alte. Dann erzählt er ihr von den angeblichen Kritiken im Sicherheitsbüro an der Gerichtsanzeige über den doppelten Frauenmord. Ein Fall, bei dem die Kriminalbeamtin ja auch mitgearbeitet hatte und am Erfolg wesentlich beteiligt war. »Laß diese neidischen Arschlöcher reden«, ist der Kommentar Dorotheas dazu. Nach fünfzehn Jahren in diesem männlichen Beruf hat sie sich die vulgäre Umgangssprache ihrer Kollegen längst angewöhnt.

Es ist schon Nachmittag, und die Kriminalbeamtin langweilt sich. Ihr fällt ein, daß sie sich für den nächsten Tag freinehmen und mit ihrem Buben einen Judokurs besuchen könnte, dann denkt sie an die Kellnerin im Goldenen Ochsen. »Das mach ich heut«, sagt sie zum Chefinspektor und schlüpft in ihren Mantel.

Die Kellnerin heißt Rosa Maschek, ist 34 Jahre alt, die Kriminalbeamtin hat das noch in der Zentralkartei nachgesehen, bevor sie das Haus verläßt. Keine besonderen Vormerkungen. Sie hat bloß eine Vorstrafe wegen boshafter Sachbeschädigung und einen Führerscheinentzug wegen Trunkenheit am Steuer.

Die Ansicht, daß nach Straftaten Frauen zu Frauen offener reden, ist sicherlich begründet, trifft jedoch nicht in allen Fällen zu. Die Befragung findet beim »Ochsen« in der Küche statt, und die Rosa Maschek ist verwundert und wenig bis gar nicht erfreut, daß sie von einer Kriminalbeamtin vernommen werden soll. Erst als die Fragen in einem recht derben Dialekt gestellt werden, wird sie zutraulicher. »Wie hat denn sein Schwanz ausgesehen?« hört sie, »hatte er einen ordentlichen Ständer?« Die Kellnerin beschreibt die Szene.

An einem Punkt wird die Kriminalbeamtin hellhörig und geht ins Detail. Das ist jener, als die Rosa ihre Hilferufe und die Würgerei erwähnt. Der Kerl hat gekeucht: »Kusch, sonst bist du weg vom Fenster, wäre net des erste Moi füa mi!« Dorothea Winter notiert sich alles, sie denkt an ungeklärte Fälle, in denen der Täter eventuell ähnliche Drohungen ausgestoßen hat. Mit ihrem freien Tag morgen und dem Judokurs würde es also wohl nichts werden.

Am nächsten Tag macht der alte Chefinspektor im Gegenstande genau das, was die Kriminalbeamtin von ihm erwartet hat. Zuerst flucht er nach ihrer Berichterstattung um eine Oktave höher und ordinärer als am Vortag über den Polizeijuristen, der keinen Grund zur Festnahme gefunden hatte. Dann läßt er die Opfer der ungeklärten Sexualattentate von der Sicherheitswache aufs Kommissariat bringen und schickt zwei Kriminalbeamte zum Arbeitsplatz des Täters.

Der Mann heißt Josef Benesch, ist 34 Jahre alt, sein Arbeitsplatz ist die Tagesbar »Top Secret« mit Sauna, Massage, Video, Striptease. Der Joschi ist dort eine Art »Mädchen für alles« und offiziell als Masseur gemeldet. Die Kriminalbeamten sind mit ihm früher am Koat als die Sicherheitsbeamten mit den Zeuginnen. So sperrt ihn der Chefinspektor vorerst einmal in eine Zelle – ohne einen Juristen zu informieren, was natürlich gegen die Dienstvorschrift ist. Bei Eintreffen der Zeuginnen tut er noch etwas, was sogar ungesetzlich ist: Er läßt die Opfer durch das Guckloch der Zellentür schauen und fragt, ob sie den Täter wiedererkennen. Drei von vier erkennen ihn so wieder. Erst jetzt bereitet der Chefinspektor die vorgeschriebene Wahlkonfrontation vor.

Benesch wird als Täter eindeutig identifiziert, der Alte telefoniert mit einem Staatsanwalt, der Haftbefehl ist nun nur noch Formsache. Als er dann den Häftling mit der Kriminalbeamtin in die Zelle führt, denkt er nicht im Traum daran, daß dieses seine letzte Amtshandlung im Dienst sein würde. Und doch war es so. Auf dem Weg in den Arrest wird der Benesch plötzlich renitent, schlägt um sich, verletzt den überraschten Alten durch einen Faustschlag am Kopf. Mit den Judo-Kenntnissen der Kriminalbeamtin rechnet er allerdings nicht. Er liegt schnell am Boden und bekommt nun Handschellen angelegt. Der Polizeiarzt schreibt ihn haftfähig, dann untersucht er die Verletzung Hammerlangs. »Eine leichte Gehirnerschütterung«, konstatiert er. Der Joschi sinniert. »Das ist eine Verletzung im Dienst«, murmelt er, »ich hab das Gefühl, diese Kopfschmerzen werden nicht aufhören bis ich in Pension bin.« Der Polizeiarzt lächelt verständnisvoll. Zwei Monate geht der Joschi in den Krankenstand, dann ist seine vorzeitige Pensionierung aus Gesundheitsgründen genehmigt.

In der Babaloo-Bar in Wien-Meidling ist es stinkfad an diesem Herbstabend. Die Huren löffeln in Tassen mit Tee und Rum, die Zuhälter spielen Karten. Zwei Stammgäste sitzen in einer Ecke und betrinken sich mit Bier, langsam und planmäßig. Für ein Mädchen haben sie kein Geld und wohl auch keine Lust. Bier macht müde und schläfrig.

»Hörst, Susi«, hört man eines der Mädchen jammern, »ich scheiß mich an. Ka Geschäft. Wenn des so weiter geht, möld i mi zur Heilsarmee oder i geh Tellerwaschen ins Sacher.«

Einer der Zuhälter blickt auf. »Nächste Wochen«, sagt er, »nächste Wochen haben wir a Batzengschäft. Da is Katholikentag, da komman die ganzen Gscherten nach Wien. Und wenns mit dem Beten fertig san, gehns ins Buff. Wirst sehen, nächste Wochen raucht euch der Arsch.«

Das war kein Witz und auch kein leeres Gerede. Erfahrungsgemäß suchen nach solchen Veranstaltungen oder Kongressen die Männer am Abend Entspannung am Gürtelstrich, weit weg von ihren Ehefrauen und somit ohne Risiko. Nicht nur am Katholikentag, auch bei Versammlungen etwa der Bau- und Holzarbeitergewerkschaft oder nach Massenkundgebungen der politischen Parteien.

Immerhin ein schwacher Trost für die Prostituierten. Sie wechseln das Thema.

»Wie geht's deiner Mutti?« fragt eine.

»Schlecht«, war die Antwort. »Sie ist immer noch im Spital auf der Intensivstation. Und die Kieberer haben keine Spur, scheißen sich auch nix an. Ja, wenn's eine Direktorsgattin wäre, meine Mutti, da tätens rennen, die Scheiß-Kieberer. Aber so … und das Geld ist auch weg.«

Alle Anwesenden wissen, wovon die Rede ist. Die Mutter der Susi war in ihrer Wohnung überfallen und beraubt worden. Brutal zusammengeschlagen, erlitt sie lebensgefährliche Verletzungen. Ihre gesamten Ersparnisse waren weg.

»Probier's doch einmal mit dem alten Inspektor Hammerlang«, sagt eine. »Der hat doch früher immer alles aufgeklärt.«

»Aber der ist doch schon in Pension«, meint Susi.

»Wurscht«, sagt die andere wieder. »Er sitzt jeden Vormittag im Café Korb. Besuch ihn halt einmal, versprich ihm was. Vielleicht nimmt er sich darum an.«

»Wenns d' meinst …?« sagt das Suserl nachdenklich.

Der pensionierte Kriminalinspektor Josef Hammerlang ist jetzt 60 Jahre alt und seit sechs Monaten im Ruhestand. Im Ruhestand genau im Sinne des Wortes. Denn er ist sehr darauf bedacht, nur ja keine Hektik aufkommen zu lassen. Er lebt allein in einer kleinen Mansardenwohnung, seine Frau hat ihn schon vor Jahren verlassen. Sie konnte die durch seinen Beruf bedingte unruhige Lebensweise nicht ertragen. Hatte sie Theaterkarten für den Abend und er rief dann im letzten Moment an, weil er wegen irgend eines plötzlich begangenen Verbrechens nicht mitkommen konnte, brach für sie eine Welt zusammen. Jetzt allerdings hätte sie ihre Freude mit seinen Lebensgewohnheiten.

Pensionist Hammerlang steht spät auf, legt sich in die Badewanne und läßt das Wasser so heiß ein, wie er es gerade noch ertragen kann. In der Wanne rasiert er sich und putzt seine Zähne. Dann duscht er sich eiskalt und brüllt dabei wie ein Löwe. Eine halbe Stunde später sitzt er in seinem Stammcafé, trinkt schwarzen Kaffee und ißt irgend eine Mehlspeise. Dabei liest er Zeitungen.

Nach einer weiteren Stunde tut er, was er seinen Frühsport nennt. Das ist ein Spaziergang durch den Bezirk, er geht dabei gemächlich, die Hände in den Taschen und raucht Zigarette. Das macht er bei jedem Wetter, auch im Winter. Viele Menschen grüßen ihn, er ist eine auffallende Erscheinung. Über 1,85 Meter groß, hat schlohweißes, dichtes Haar und ist dabei noch immer schlank. In seiner Jugend war er ja ein ausgezeichneter Sportler, spielte Fußball, Handball, betrieb Leichtathletik und Schwimmen. Jetzt betreibt er nur noch Denksport – er löst Kreuzworträtsel.

Das tut er denn auch an diesem Vormittag im Café Korb und denkt über den Namen des Vaters des Ikarus mit acht Buchstaben nach. »Daedalus« schreibt er dann in die Kästchenfolge des Rätsels, als eine junge Frau an seinen Tisch kommt. »Darf ich mich zu Ihnen setzen?« fragt sie. Er sieht etwas unwirsch auf.

»Aber freilich, Suserl«, grinst er dann. »Gibt's was Neues im Babaloo? Ich war ja schon eine Ewigkeit nicht mehr dort.«

Sie setzt sich und bestellt eine Melange. »Na, red schon«, sagt der Alte. »Du willst doch was von mir.«

Sie erzählt ihm vom Überfall auf ihre Mutter. Daß die Mutter nun in der Intensivstation liegt und noch immer nicht ansprechbar ist. Er unterbricht sie: »Und warum erzählst du das mir?!«

»Ich hab gehofft, Sie würden sich vielleicht um den Fall annehmen«, meint sie etwas eingeschüchtert, »denn der Oberpolizeirat Dr. Wahrmann behandelt den Fall, aber er tut nichts und bringt auch nichts heraus.«

Bei der Erwähnung des Oberpolizeirates verfinstert sich das Gesicht des Alten. Mit diesem Herren Polizeijuristen war er während seiner Dienstzeit ständig im Kriegszustand. Dann unterbricht er die Susi aber doch: »Laß mich in Ruhe, Mädchen. Ich mach nichts mehr, die Zeiten sind vorbei. Gott sei Dank.«

Die gibt aber so schnell nicht auf. »Ich weiß vielleicht Einzelheiten, die der Oberpolizeirat nicht weiß.«

»Schau«, meint er, »ich bin in Pension, ein alter Mann. Mich interessiert das nicht mehr.«

»Aber Sie sind doch nicht alt«, schmeichelt sie. »Jeder ist so alt, wie er sich fühlt.«

»Richtig«, gibt er zu, »und ich fühle mich wie hundertzwanzig. Jetzt hast es!«

Sie wechselt das Thema, will wissen, warum er denn gar nicht mehr ins Babaloo kommt. Er war ja während seiner aktiven Dienstzeit auch nicht gerade zu seinem Vergnügen ins Babaloo gekommen, erklärte er ihr. Tatsächlich hatte er ein recht gutes Verhältnis zu den Prostituierten. Sie erzählten ihm oft Dinge, die für seine Arbeit sehr wertvoll waren, und weil er niemals aktenkundig machte, was er da so erfuhr und von wem. Weil er die Namen der Mädchen nie bekanntgab, hatten sie Vertrauen zu ihm. Das war natürlich alles sehr zum Ärger des Herrn Oberpolizeirates, aber so sehr es der auch versuchte, die Quellen bestimmter Informationen erfuhr er vom Alten nie.

Bevor Susi enttäuscht das Café Korb verläßt, fragt er sie noch, ob sie mit ihrer Mutter habe sprechen dürfen und die verneint. Die Ärzte hätten es nicht zugelassen und sie auf später vertröstet.

Wieder allein, bestellt Joschi ein Glas Wein und sinniert. Während seiner Dienstzeit hatte er ständig Ärger mit Ärzten gehabt, weil die bei einem schwerverletzten Verbrechensopfer eine sofortige Befragung nie zulassen wollen. »In ein paar Tagen, wenn eine Besserung eingetreten ist«, mußte er immer wieder von ihnen hören. Wenn das Opfer dann gestorben war und nicht mehr reden konnte, war die Sache gelaufen, der Fall oft kaum noch zu klären gewesen. Joschi hatte nie einsehen wollen und kann bis heute nicht verstehen, daß ein paar ruhige Worte den Gesundheitszustand eines Patienten verschlechtern hätte können.

Es ist zwei Tage später, als Joschi in der Zeitung liest, daß Susis Mutter gestorben ist. Die künstliche Beatmung hatte ausgesetzt, und so war sie erstickt. Das kann ein Fehler einer Krankenschwester gewesen sein, kann eine technische Störung zur Ursache haben, das kann aber noch an ganz anderen Dingen gelegen haben. Immerhin versagt so eine Beatmungsmaschine nicht so mir nix dir nix und wenn, dann sicher nicht mit höherer Wahrscheinlichkeit bei einem noch zu befragenden Verbrechensopfer als bei einem ohne Verbrechen Verunfallten. Ein Besucher in der Intensivstation, ein unberechtigter, der abgedreht hat? Durchaus möglich. Aber wenn, dann gibt es dafür nur eine Erklärung: Der Täter – in diesem Fall dann bei Einbruch und Abdrehen ein und derselbe – muß Susis Mutter bekannt gewesen sein, und er muß sie für tot gehalten haben, als er die Wohnung verließ. Nun fürchtete er, von ihr genannt zu werden. Daß die alte Dame Überlebenschancen gehabt hätte, stand ja sogar in der Zeitung zu lesen.

Joschi beschloß, abends doch noch einmal im Babaloo vorbeizuschauen.

Viel hatte sich dort nicht verändert in den zwei Jahren, die der Kommissar nun in Pension und somit auch nicht mehr zu Gast gewesen ist. Im Babaloo sieht Joschi durchwegs die alten Gesichter, findet die gleichen Preise, atmet die gleiche stickige Luft und hört dieselben Melodien vom jammernden Plattenspieler. Er setzt sich an die Bar und trinkt ein Bier, sieht sich um. Susi ist nicht zu sehen, vielleicht ist sie oben auf einem der Zimmer und hat einen Kunden.

Der Wirt der Kneipe setzt sich zu ihm, er ist neugierig. Ob er dienstlich da ist? ... Dann fällt ihm ein: »Aber richtig, Sie sind ja schon in Pension!« Es folgen die üblichen neidvollen Bemerkungen. So schön möchte er es auch haben, nichts mehr arbeiten zu müssen, und so fort. Leicht grantig schaut ihn Joschi an: »Mußt halt auch erst einmal vierzig Jahre lang arbeiten, dann kriegst auch eine Pension.« Der Wirt meint, da hätte er noch zwanzig Jahre bis dahin. Joschi erkundigt sich nach Susi und erfährt, daß sie heute frei hat, um ihr Mutter zu begraben.

Der Wirt rückt näher, flüstert. Der Mörder müsse aus dem Bekanntenkreis der Susi sein. Immer wieder hätte sie erzählt, daß ihre Mutter viel Geld erspart und in bar in der Wohnung versteckt habe. Richtig angegeben habe sie, die Susi, damit, das blöde Luder. Jetzt ginge ihr der Arsch auf Grundeis und sie habe ein schlechtes Gewissen. »Schließlich«, flüstert der Wirt nun ganz vertraulich leise weiter, »pfeift sich die Kieberei ja auch einen feuchten Dreck um die Sache. Das ist nicht mehr so wie früher, als Sie noch bei uns Stammgast waren!«

Joschi trinkt noch ein paar Gläser und verabschiedet sich. Bezahlen braucht er nichts – wie früher. Dem Wirt sagt er noch, die Susi sollte halt einmal wieder im »Körberl« vorbeischauen, er hätte was mit ihr zu bereden.

Zwei Tage später kommt sie. Hübsch sieht sie aus in ihrem schwarzen Trauergewand. Sie beantwortet ihm eine Menge Fragen und erzählt auch sonst recht viel von ihrer Mutter. Bis ihn ein kleiner Nebensatz irritiert. Der Wohnungsschlüssel sei verschwunden, der Täter hatte die Tür beim Gehen von außen verschlossen. »Also«, folgert Susi und fixiert dabei fragend den Kommissar, »muß die Mutter ihn gekannt haben, denn einem Fremden hat sie nie aufgemacht. Da hat sie erst einmal durch das Guckloch gesehen, ganz leise, damit der Läutende nicht merkt, daß überhaupt wer zu Hause ist. War's ein Bekannter, gab sie sich zu erkennen und öffnete. Bei einem Unbekannten verharrte sie regungslos, bis der meinte, daß niemand da war und ging.«

Das war für Joschi allerdings eine alarmierende Verhaltensweise, obwohl daran durchaus nichts aufregend war. Aber so ist das mit den meisten Nebensächlichkeiten, die ein Krimineserhirn in Alarmzustand versetzen, spektakulär und außergewöhnlich wie im Fernsehkrimi sind die selten.

Wenn die Mutter sich Besuchern gegenüber tatsächlich und ausnahmslos so zu verhalten pflegte, und Joschi findet keinen Grund daran zu zweifeln, dann ist der Täter tatsächlich im Bekanntenkreis der Toten zu suchen. Das würde die Ermittlungen ganz schön erleichtern. Denn immerhin war dieser Bekanntenkreis des alten Mutterls – wie Susi auf Befragen weiter ausführt – nicht besonders groß.

Was Joschi zusätzlich interessiert, ist ein weiteres Indiz in Richtung »dem Opfer bekannter Täter«: Joschi hört von Susi, daß ihre Mutter von ihrer tatsächlichen Arbeit nie erfahren hat. Sie war der Meinung gewesen, das Babaloo sei ein Kaffeehaus und ihre Tochter dort Serviererin. Darüber hinaus war das Thema Arbeit nie Gesprächsthema zwischen Mutter und Susi gewesen. Somit liegt für Joschi auf der Hand, daß der Täter wohl im Bekanntenkreis der Mutter, gleichzeitig aber auch in jenem der Tochter zu finden sein muß und zu suchen ist. Die alten Damen der Kartenrunde von Susis Mutter scheiden für den Altkommissar als mögliche Täter schon aus, als Susi noch gar nicht mit der Aufzählung deren Namen fertig ist.

Der Fall beginnt den alten Hasen, der sich wohl ziemlich erfolglos vorgemacht hat, in der Pension »endlich nichts mehr, und zwar gar nichts mehr mit Milieu und Kriminal zu tun haben zu wollen«, allmählich zu interessieren. Er würde – und er tut es tatsächlich – künftig das Babaloo wohl wieder frequentieren. Frequentieren müssen, korrigiert er sich im Kopf sofort selbst.

Wenn er kommt, ergeben sich meist sofort Gespräche zwischen ihm und den Huren. Inhaltsmäßig und was deren Niveau betrifft, laufen sie üblicherweise so:

»Geh erzähl uns doch wieder einen Witz über unseren Berufsstand. Früher hast doch auch immer welche gewußt!« sagt eine. Er denkt nach, grinst und legt nicht sonderlich begeistert los: »Sagt eine Hur zur anderen, wie hast es denn am liebsten? Sagt die, von hinten. Fragt die erste, und wieso grad von hinten. Sagt die zweite, na weil ich da kein freundliches G'sicht machen muß!« Er erntet Lachen aus Höflichkeit und selbst das hält sich in Grenzen.

Dann fällt ihm eine wahre Begebenheit ein. Sie wäre mindestens ebenso lustig, wie der vermeintlich so lustige Witz. Als er noch im Dienst war, hat er einmal im ersten Bezirk gewohnt. Er kam oft spät heim, gegen oder weit nach Mitternacht, und ging langsam durch die Kärntnerstraße. Das war, als die noch keine Fußgängerzone und auch sonst noch nicht so außerordentlich war. Selbstverständlich wurde er, der da einsam und langsam dahinschlenderte, auch von den dort üblicherweise stehenden Gunstgewerblerinnen angesprochen. Sie wollten mit ihm ins Geschäft kommen. Und er hatte sich da eine Antwortfolge zurechtgelegt, auf die ihm die Damen angeblich der Reihe nach auf den Leim gegangen wären. »Aber geh, Madl, hab ich dann immer gesagt«, erzählt er im Babaloo, »Du machst es mir ja doch nicht so, wie ich es gern hab. Da riecht a ordentliche Hur natürlich Lunte und laßt nicht locker. So eine Antwort wäre ja eine Beleidigung für ihr handwerkliches Können. Also haben die dann nicht locker gelassen, und ich hab immer wieder nur den einen Satz gesagt: Du machst es mir ja doch nicht so, wie ich es gern hab. Bis irgendwann die unvermeidliche Frage kam: Und wie hast es denn gern? Umsonst, hab ich dann immer gesagt, und schon ließen mich die Madeln wieder allein meiner Wege gehen.«

»Da bin ich aber froh«, sagt jetzt eine der Babaloo-Damen, »daß ich da herinnen arbeiten kann. Da holst dir wegen einer Abfuhr net gleich eine Verkühlung. Und überhaupt, da draußen auf den Strich gehen, das wäre nix für mich.«

Joschi setzt seine Gelehrtenmiene auf und fragt ganz ernst: »Wißt ihr denn überhaupt, wieso man ›am Strich gehen‹ sagt, woher dieser Ausdruck kommt?« Weil es, wie er erwartet hatte, keiner weiß, erzählt er es. Gelehrig erzählen, das tut er immer noch gern.

Früher, als Österreich noch Monarchie war, gab es in Wien die kaiserlich und königliche Sittenpolizei. Die kontrollierte die Prostitution. Bordells gab es allerdings keine – es spielte sich alles in ganz speziellen und naturgemäß ziemlich dunklen Gassen ab. Die Sittenpolizei wies dabei den Huren bestimmte Rayone in diesen Gassen zu, in denen sie stehen durften. Trotzdem kam es immer wieder zu Streitereien und Raufereien wegen Rayonsüberschreitungen. Um diese abzustellen, malten die Sittenpolizisten eines Tages Striche auf die Gehsteige dieser Gassen, damit die bisher imaginären Rayonsgrenzen nun auch sichtbare sein würden. Dann hatte eine Prostituierte eben ihre erkennbaren etwa fünfzig Meter von einem Strich am Gehsteig bis zum nächsten und durfte innerhalb dieser Strecke auf und abtrippeln. Fortan hieß es, war von der horizontalen Gewerbstätigkeit die Rede, man geht am Strich.

Die Gesellschaft im Babaloo nimmt das interessiert zur Kenntnis. Joschi grinst und stellt stolz fest: »Ich tu halt was für eure Allgemeinbildung!« Dann genehmigt er sich einen kräftigen Schluck.

Sein gutes Verhältnis zu den Prostituierten kommt nicht von ungefähr. Er hat sich schon in seiner aktiven Dienstzeit ziemlich früh um ein solches, beinahe freundschaftliches Einvernehmen bemüht. Was allerdings nicht allerorten begrüßt worden ist. Und so hat er seit einem diesbezüglichen Verbalscharmützel mit einem Polizeihofrat auch auf diesbezügliches Unverständnis oder Fehlinterpretationen dieser seiner Neigung, eine passende Antwort parat. Sie sollte später in der Ausbildung junger Polizisten für ihn zu einer Art elftes Gebot für eine erfolgreiche Polizeiarbeit geworden sein und lautet: »Tischler müssen sich mit Holz auskennen, Spengler mit Blech und Kriminalbeamte halt mit Gaunern. Und wo findet man diese? In der Kirche wohl nicht! Also muß der Krimineser eben ins Puff und sich dort umsehen.«

Der Hofrat, es war der Hammerlang, dem er damals diese Binsenweisheit erstmals zum Besten gab, war daraufhin grantig geworden. »So eine Trottelei!« hat er geschrien. Aber der Joschi hat nicht aufgesteckt und zurückgebellt: »Was glauben denn Sie, wie viele abartig veranlagte Männer es gibt, die sich genau bei den von Ihnen so verpönten Huren abreagieren! Wenn die nicht dafür da wären, dann wären ja unsere Frauen und Töchter in noch größerer Gefahr.« Der Hofrat wollte sich natürlich nicht geschlagen geben, und so erzählte ihm der Joschi Beispiele solch konkreter Sozialarbeit.

Da war einmal eine hochschwangere Prostituierte, die von der Sicherheitswache immer wieder dem Strafreferenten vorgeführt werden mußte, weil sie in Straßen auf Kundenfang aus war, in denen das verboten war. Der Referent verdonnerte sie jedes Mal zu Geldstrafen. Haft konnte er keine verhängen, weil die Gewerbliche bereits knapp vorm neunten Monat stand und somit haftunfähig war. Der aber machte keine Strafe was aus, deshalb sprach sie Joschi eines Tages an: »Sag, Madl, hast denn das notwendig? Kannst denn keine Pause machen, bis das Putzerl da ist wenigstens?« »Aber wirklich net«, erklärte darauf diese, »da wäre ich ja schön blöd. Jetzt mit meinem Bauch, bin ich für viele Männer ganz was Besonderes. So ein gutes Geschäft wie jetzt hab ich bisher noch nie gemacht!«

Eine andere junge und sehr hübsche Hure hat er auch gekannt, der Joschi. Die war allerdings drogenabhängig und wurde zwischen den Schüssen, die sie sich setzte, oftmals depressiv. Im Lauf der Zeit wurden diese Entzugsdepressionen immer stärker. Eines Tages wollte sie sich umbringen und warf sich vor einen fahrenden Zug. Mit viel Glück überlebte sie, man mußte ihr allerdings danach ein Bein oberhalb des Knies amputieren. Als Joschi sie Monate später bei einer seiner Nachtstreifen wieder – und das noch dazu auf Krücken! – am Strich gehen sah, wollte er seinen Augen nicht trauen. »Sag, Madl«, hielt er sie an, »jetzt kriegst doch eine Invalidenrente. Was machst da noch weiter am Strich, hast denn das notwendig?« Ihre Antwort: »Sie haben keine Ahnung – jetzt mit dem Stummerl da rennt erst das Geschäft, ich bin halt jetzt was Einmaliges für manche Männer und mach Marie wie nie damit!«

Ungläubig hat da der Hofrat sein Haupt gebeutelt, aber Joschi wollte noch nicht aufhören. »Das stärkste erzähl ich

Ihnen jetzt auch noch, denn das führt uns zu unserem Ausgangspunkt zurück und damit zu meiner Arbeitsweise«, leitete er zur letzten Geschichte über.

Immer wieder waren Prostituierte beraubt worden, die meldeten das auch brav, aber man konnte anhand des Modus Operandi, der immer gleichen Art der Tatbegehung, bloß konstatieren, daß hier ein Serientäter am Werk sei. Spuren gab es kaum. Die Hure war immer in ein Auto eingeladen worden, der Fahrer lenkte dann in einen Park, hielt. Er riß Handtasche und Geld der Prostituierten an sich und stieß sie kraftvoll aus seinem Wagen, die geleerte Tasche warf er ihr hinterher und fuhr davon. Während seiner Nachtstreifen ging Joschi der Sache nach. Er schaute in die Puffs, lud dort die Huren auf ein Glaserl Wein ein und begann zu fragen. Aber mehr als »noble« Zurückhaltung, Beschwichtigungen »daß das doch eh nicht so arg ist« und ein Augenzwinkern kam selten heraus. Bis eines Tages eine der Prostituierten rief: »Das war doch sicher wieder der Maulbrunzer!«

Maulbrunzer?

Joschi ließ nicht mehr locker, wollte die Geschichte hören, aber es dauerte zwei komplette Runden Achteln, bis die doch sonst so abgebrühten Damen von diesem Sonderling zu reden wagten. Es gibt auch bei Huren Dinge, die man lieber tut, statt sie zu bereden, vor allem wenn man dafür noch einiges »extra« kassiert.

Eine Stammkundschaft kam stets mit seinem Wagen, holte ein Mädel und fuhr mit ihr in eine einsame Gegend. Dort mußte sie ihm ihre kleine Notdurft ins Gesicht – daher Maulbrunzer! – verrichten, während er dazu onanierte.

Alles in Ordnung, Geschmack und Gusto sind eben sehr verschieden. Er bezahlte stets ordentlich und fuhr das Mädchen wieder zurück. Aber es konnte natürlich auch vorkommen, daß das ausgewählte Mädchen gerade nicht urinieren konnte. Und dann war es mit der Ordentlichkeit des Mannes vorbei. Er wurde aggressiv, tobte und stieß die Prostituierte aus dem Auto. Joschi dämmerte, warum die Huren zwar die Vorfälle und den Verlust ihres Geldes gemeldet, aber kaum weitere hilfreiche Hinweise geliefert hatten. Einen, der so veranlagt ist, verliert man nicht gern, denn der ist als Zahler einfach ein Hurentraum.

Mit der Beschreibung des Mannes und des Fahrzeuges kam es rasch zur Ausforschung des Strichräubers: Er war der Sohn eines achtbaren Baumeisters, unbescholten, guter Leumund. Bei seiner Vernehmung winselte er bloß fortwährend: »Was soll ich denn machen, ich kann eben anders zu keiner Befriedigung kommen. Und wenn eine zu mir einsteigt und nicht kann, ist das doch wie Betrug. Die kennen mich doch und wissen, was ich brauche! Da überkam mich dann eben einfach die Wut.«

Diese letzte Geschichte wollte der Hofrat natürlich gar nicht glauben. »Ja, meinen Sie denn, so eine Sache kann man erfinden?« brüllte Joschi den seinen Kopf schüttelnden an, »wenn Sie mir nicht glauben, lassen Sie sich doch den alten Akt ausheben. Da steht alles haarklein genauso drinnen!«

Die abendlichen Besuche im Babaloo werden für Joschi langsam zur Gewohnheit. Mit der Zeit lernt er so nicht nur die Huren und deren Kundschaft, sondern auch die Zuhälter kennen. Diese mißfallen ihm alle, einer davon aber ganz besonders. Er heißt Jakob Oberwenger, nennt sich Jack und lädt eines Abends alle Gäste auf Drinks ein. Mit seinem Geld wirft er überhaupt nur so um sich, versäumt keine Gelegenheit anzugeben und kündigt an, daß er demnächst nach Bangkok fliegen würde, um ein paar Thai-Hasen für das Geschäft zu importieren. Dann würden die Madeln schon sehen, was man am Strich noch für Kohle machen könne. Seinen Reichtum hat er, und somit haben die Gäste ihre Drinks und das Feiern einem hohen Gewinn im Fußballtoto zu verdanken.

Bei der Suserl erkundigt sich Joschi allerdings so nebenbei, ob denn dieser Jack vielleicht ihre Mutter gekannt hätte. »Ach freilich«, meint diese arglos, »ich hab den Jack schon öfter mitgenommen, wenn ich meine Mutter besuchte. Allerdings hab ich ihr immer gesagt, daß das der Pächter vom Kaffeehaus ist, in dem ich ja angeblich arbeite. Aber das hab ich dir ja eh schon erzählt, daß meine Mutter niemals erfahren hat, was für eine Hacken ich wirklich hab.« Der Jack habe die Rolle eines Kaffeehauspächters sogar sehr formvollendet gespielt, die Mutter wäre von ihm ganz angetan und die Susi ihm dafür recht dankbar gewesen.

Von einem Gewinn beim Fußballtoto stammte also der Reichtum des Herrn Zuhälters?! Kein Problem für Joschi, das nachzuprüfen. Ein Anruf bei einem noch aktiven Kollegen genügt, und schon hat er am nächsten Tag eine Kopie der Gewinnliste. Sein Argwohn wird zum Verdacht: Der Name Oberwenger findet sich weder mit seinem wirklichen, noch mit seinem selbstgewählten Vornamen auf der Liste. Er steht gar nicht drauf! Nachdem es unter den anonymen Gewinnern keine mit nennenswerten Summen gab, steht für Joschi fest, daß Oberwenger der Täter ist. Bliebe also die Frage, wie das zu beweisen wäre. Wäre er noch aktiv, dann gäbe es nun kaum Probleme. Aber für einen Pensionisten? Er denkt nach.

Eines Tages ist Jack verschwunden. Im Babaloo erzählt man, er wäre nach Bangkok geflogen und würde so in ein, zwei Wochen zurück sein. Joschi denkt, daß er doch innerhalb dieser Zeit Beweise für den Mord finden können müßte. Täglich plaudert er nun mit den Babaloo-Stammgästen. Die Gespräche drehen sich natürlich – was Wunder bei diesem Gesprächsort – ums Thema Nummer eins.

Alles mögliche wird da vermeintlich sehr gescheit beredet. Schließlich kommt eines Abends das Thema Homosexualität zur Sprache. Joschi ist daran nicht sonderlich interessiert, aber er kann es nicht vermeiden, diesbezüglich auch wegen seiner Meinung dazu angesprochen zu werden: »Was halten denn Sie vom Homosex?«

»Was meinen Sie denn damit«, ist seine Gegenfrage, »den Verkehr zwischen Männern, den zwischen Frauen, lesbische Liebe ...?«

Nur die Liebe zwischen Männern ist gemeint. Joschi zündet sich eine Zigarette an. »Wissen Sie«, holt er aus und bläst dem Fragenden den Rauch seiner Zigarette ins Gesicht, »da fällt man in unserer Generation von einem Extrem ins andere. Aber Thema war das eigentlich nie für uns.«

Er muß erklären, was er meint: »Im Jahr 1943 mußte ich als 18jähriger zur Deutschen Wehrmacht einrücken. Eines Tages pfiff unser Unteroffizier die Rekrutenkompanie statt um sieben schon um fünf Uhr aus den Betten. Wir mußten raus auf den Appellplatz. Dort waren zwei Holzpfähle in die Erde gerammt, wir hatten neben ihnen Aufstellung zu nehmen. Die Militärpolizei brachte dann zwei gefesselte Häftlinge, die an die Pfähle gebunden wurden. Ein Erschießungskommando nahm nun Aufstellung, und ein Leutnant las vor, daß die beiden wegen fortgesetzter Homosexualität und der damit verbundenen Zersetzung der Wehrkraft im Namen des Führers und des Deutschen Volkes zum Tode verurteilt worden waren. Legt an – Feuer! Wir durften wieder zurück in die Unterkunft und waren ziemlich zornig. Nicht wegen der beiden armen Kollegen, darüber dachten wir keine Sekunde nach. Uns machte rasend, daß man uns bloß wegen der Exekution zweier warmer Brüder um zwei Stunden früher aus den Federn gejagt hat.«

Allgemein entsetztes Staunen im Babaloo. Aber bevor einer einen Kommentar abgeben kann, setzt der Altkommissar fort: »Und jetzt das andere Extrem. Kurz vor meiner Pensionierung wurde ein Obmann der Homosexuellenvereinigung wegen Unzucht mit Kindern auf freiem Fuß angezeigt. Mit Kindern ist das ja Gott sei Dank auch heute noch verboten. Ich las den Akt, und es interessierte mich vor allem, was der Kerl für einen Beruf hat. Dort stand: Häftlingsbetreuer, Sozialfürsorger und als Dienstgeber das Bundesministerium für Justiz. Versteht ihr jetzt, was ich mit den zwei Extremen, denen meine Generation fassungslos gegenübersteht, meine? Man hat da den Bock zum Gärtner gemacht, und keiner findet heute was dabei. Man muß einen Homo nicht erschießen, aber man muß ihn wohl auch nicht unbedingt als Häftlingsbetreuer einstellen. Wir fallen von einem Extrem ins andere.«

Nun nickt die Runde zustimmend.

Joschi fällt auf, daß Susi einen recht nachdenklichen Eindruck macht. Irgendwas beschäftigt sie. Aber noch bevor er sie fragen kann, zieht sie ihn ins Vertrauen. »Warum«, beginnt sie ihre Frage, »wolltest du denn wissen, ob der Jack meine Mutti persönlich gekannt hat oder umgekehrt?« Er sieht keinen Grund mehr, mit seiner Meinung hinter dem Berg zu halten und antwortet trocken und direkt: »Weil ich ihn für den Mörder halte!« Sie nickt, so etwas Ähnliches hätte sie sich schon gedacht.

»Kommst du mit in seine Wohnung? Ich hab mir nämlich einmal einen Schlüssel besorgt ...« Das überrascht ihn: »Was sollen wir den dort?«

Sie erzählt: Nicht nur das Bargeld, auch Familienschmuck wurde vom Mörder geraubt. Der Polizei hat das die Susi aber gar nicht erzählt, weil sie erst viel später, nach dem Begräbnis, draufgekommen ist. Für Joschi ist das eine sensationelle Wendung. »Ich komm mit«, sagt er, »sag nur wann und wo?!«

»Von mir aus jetzt gleich, die Wohnung ist hier um die Ecke!«

Sie brauchen nicht lange zu suchen.

Er ist gerade mit dem Wäschekasten beschäftigt, als er ihren Aufschrei hört. »Dieses Schwein!« schimpft sie schrill und bricht in einen hemmungslosen Weinkrampf aus.

In einer Lade des Nachtkästchens hatte sie den Schmuck ihrer Mutter gefunden.

»Ich bring ihn um«, schluchzt sie nun vor sich hin und wiederholt immer wieder die Drohung, »ich bring dieses Schwein um.«

Joschi versucht sie zu beruhigen. Ohne Erfolg.

Sie verpackt schließlich den Schmuck in einer Tasche. »Willst du ihn denn mitnehmen?« fragt er erstaunt, »wäre es nicht besser, wir lassen ihn da, damit ihn die Polizei finden kann? Als Beweis?«

»Ich brauche keine Polizei«, sagt sie hart. Und wiederholt dann leiser: »Keine Polizei, ich bring ihn um.«

Er nimmt das nicht ernst, ist der Meinung, daß es eben eine entsprechend der Empörung berechtigte Redensart ist. Aber er irrt. Zehn Tage später weiß er, daß er sich selbst getäuscht hat. Denn zehn Tage später findet man die Leiche des Jack in seiner Wohnung.

Er war eben von Bangkok zurückgekehrt. Man hat ihn erstochen. Vom Täter fehlt jede Spur. Wie üblich. Joschi greift sich an den Kopf. Er ist ratlos und weiß zum ersten Mal in seinem Leben wirklich nicht, was er tun soll. Er, der legendäre Kommissar, der als Pensionist nun eigentlich keiner mehr ist.

Er sucht Susi, kann sie aber nirgendwo finden. Als er abends gerade zu Bett gehen will, klingelt es an seiner Wohnungstür. Es ist Susi. »Kommst du bitte mit mir zur Polizei?« fragt sie noch bevor er einen Gruß anbringen kann.

»Komm herein und setz dich«, befiehlt er. »Was willst du denn bei der Polizei?«

»Ich will mich stellen. Schließlich hab ich ihn ja umgebracht!«

Bitter enttäuscht läßt er sich in einen Sessel fallen und murmelt: »Tu das nicht!« Kaum ausgesprochen, erschreckt er darüber, was er eben gesagt hat, will die Worte zurücknehmen. Aber es ist zu spät.

Er zieht sie auf seine Knie. »Erzähl mir alles«, sagt er leise. »Wirklich alles.«

Sie beginnt sachlich zu berichten. Vom Flugplatz hätte er im Babaloo angerufen und seinen Besuch sowie seine Rückkehr angekündigt. Er müsse sich nur noch rasch umziehen zu Hause. Sie wartete auf ihn in der Wohnung. Ein spitzes, scharfes Fleischmesser hätte sie im linken Jackenärmel versteckt gehabt. Als er gekommen sei, wollte er sie umarmen. Dabei stieß sie ihm das Messer in den Bauch. Zweimal. Er sank zu Boden, stöhnte. Sie verließ die Wohnung, sperrte sie von außen ab.

»Wo ist das Messer?« fragt er. Sie hat es in der Handtasche, er nimmt es ihr ab.

»Ich bin eine Mörderin«, sagt sie. »Aber leid tut es mir nicht. Überhaupt nicht. Bitte komm mit mir zur Polizei, ich werde alles sagen. Sollen sie mich nur einsperren!«

»Das wirst du nicht tun«, sagt er leise und streichelt ihr Haar.

»Nicht?«

»Er war ein Schwein, ein Mörder und hat den Tod verdient. Wenn du alles genau so tust, wie ich dir jetzt sage, wird dich niemand verdächtigen.«

»Das sagst du als Kriminalist?« wundert sie sich.

»Das sage ich als Mensch«, flüstert er.

Sie schläft diese Nacht bei ihm. Nach Sex war keinem von beiden zumute, aber sie kuschelt sich zu ihm, weint sich in den Schlaf. Er bleibt lange wach. Es gibt viel zu überlegen.

Am nächsten Morgen besteht sie darauf, das Frühstück zu machen. Sie will in kein Kaffeehaus gehen. Er ist auf solche Dinge nicht vorbereitet und muß um die Ecke, einkaufen gehen. Kaffee, Milch, Gebäck. Noch beim Frühstück sagt er ihr, wie er sich die nächsten Wochen und Monate vorstellt. »Du wirst das tun, was ich dir sage«, beginnt er im Befehlston. Dann wird er ruhiger, fast liebevoll. Noch einmal erklärt er, daß es keinen Sinn habe, sich der Polizei zu stellen. Daß der Mörder ihrer Mutter nur seine gerechte Strafe erhalten hätte. »Wenn es einen Gott gibt, wird er dir verzeihen«, sagt er. Dann beginnt er sie auszufragen. Nicht nur alle Details ihrer Tat will er wissen, auch ihre finanziellen Verhältnisse, wo sie wohnt, ob sie voll gesund ist. Alles will er wissen. Auch, ob sie die Prostitution weiter betreiben will, – er rät ihr ab. »Ich werde aus dir einen anständigen Menschen machen«, lächelt er zuletzt. »Aber vorher machen wir irgendwo Urlaub, weit weg von hier. Das wird dir guttun.«

Nach einem elendslangen Flug nach Havanna bringt man die Touristen an die Nordküste Kubas, ein Land wie ein Paradies. Schon nach wenigen Tagen ist es dem Joschi zu langweilig, den ganzen Tag am Strand in der Sonne zu braten. So unternimmt er ausgedehnte Wanderungen. Seiner Suserl ist das zu anstrengend, sie bevorzugt Liegestühle unter Palmen. Er ist recht zufrieden mit ihr. Sie schlafen zusammen, als wären sie ein altes Ehepaar. Er genießt ihre Zärtlichkeit und ihren molligen Popo. Bei seinen Spaziergängen plaudert er bei jeder Gelegenheit mit Einheimischen. Er hat gelesen, daß die Kubaner ein Mischvolk sind, ein Menschengemisch, das aus den spanischen Eroberern und importierten Negersklavinnen stammt und sich neben den Kaffeebraunen in vor allem freundlichen Menschen aller nur denkbaren Hautschattierungen niederschlug. Bald findet er heraus, daß er sich für das Urlaubsgeld der Susi drei Kubanerinnen hätte leisten können. Typisch.

Die Zeit vergeht wie im Flug. Als man nach dem Rückflug in Wien Schwechat landet, regnet es. Joschi bezahlt Susi das Taxi, bringt das Gepäck in die Wohnung und geht in sein Kaffeehaus Zeitungen lesen.

Noch im Flieger hatte Susi ihn gefragt, ob sie weiter bei ihm wohnen dürfe. Da hatte er ein sehr strenges Gesicht aufgesetzt und geknurrt: »Du darfst nicht! Du mußt!« Sie hatte spürbar erleichtert gelächelt und versprochen: »Dann suche ich mir auch eine ordentliche Arbeit, vielleicht als Serviererin irgendwo. Aber ich will dir nicht dauernd auf der Tasche liegen.« Erfreuliche Aussichten für ihn, wo er sich doch die ganzen Tage davor mehrfach ausgerechnet hatte, wie man zu zweit von seiner Pension würde leben können. Es wäre gegangen, aber nur knapp. Wenn sie nun etwas dazuverdienen würde, um so besser.

In seinem Stammcafé blättert er auch in den alten Zeitungen, schließlich hatte er in den zwei Wochen auf Kuba keine Weltnachrichten gelesen und schon gar nicht irgendwelche Neuigkeiten aus Österreich. Nur die Lobhuldigungen an Fidel Castro, die hat er mehr interessiert als widerwillig verschlungen.

Beim Studieren der alten Blätter wird ihm plötzlich abwechselnd heiß und kalt. Im Mordfall Jack Oberwenger haben seine Kollegen einen Tatverdächtigen verhaftet, liest er. Einen Chinesen aus Bangkok. Eine Weile überlegt er, ob er es Susi sagen soll, dann tut er es doch. Sie wird sehr traurig. »So kann ich nicht leben«, flüstert sie, »wie denn auch, im Bewußtsein, daß ein Unschuldiger für meine Tat verurteilt wird?!«

»Er wird nicht verurteilt«, sagt er bestimmt. »Dafür sorge ich. Verlaß dich nur auf mich.« Sie atmet erleichtert auf, küßt ihn dankbar. Die nächsten Stunden sinniert er, wie er es anstellen soll. So einfach ist es nicht. Vor allen Dingen muß er mehr über den Fall wissen, als in der Zeitung steht. Er entschließt sich zu einem Besuch in der Kantine des Sicherheitsbüros. So gegen Mittag würde er sie aufsuchen, da wären die meisten seiner Kollegen sicher anwesend.

Es gibt großes Hallo, als er in die Kantine kommt und sich so wie früher ein Glas Wein bestellt. »Na, daß du dich wieder einmal anschauen laßt!« hört er immer wieder. Und: »Wie geht es denn nun so einem flotten Pensionisten?« Er bezahlt seinen Freunden eine Runde. »Zur Feier des Tages«, sagt er. Aber bei der einen Runde bleibt es nicht. Geahnt hatte er das schon vorher.

Bei der dritten Runde fragt er beiläufig nach dem mordverdächtigen Chinesen, von dem er in der Zeitung gelesen hat. Er erfährt Erfreuliches. Der Mann würde in den nächsten Tagen entlassen, seine Unschuld wäre erwiesen. In Verdacht war er nur geraten, weil er sich im Babaloo nach dem ermordeten Jack Oberwenger erkundigt hat. Die beiden hatten einander in Bangkok kennengelernt. Zur Tatzeit war er aber gar nicht in Wien gewesen, das geht aus den Stempeln in seinem Reisepaß eindeutig hervor. Aber weil man bei ihm eine geringe Menge Haschisch gefunden hatte, wurde ein Haftbefehl ausgestellt. Er würde demnächst in seine Heimat abgeschoben werden.

Susi nimmt diese Nachricht erfreut zur Kenntnis, es ist

eine große Erleichterung für sie. Sie fällt ihm um den Hals. Auch sie hat eine gute Nachricht: »Morgen fange ich zu arbeiten an«, jubelt sie, »als Kellnerin im Café Zentral. Ich kriege zehntausend Schilling im Monat plus Prozente und Trinkgelder. Das ist im Zentral gar nicht so wenig. Da kommen mindestens noch einmal zehn Tausender dazu.«

Angenehme Zeiten brechen für die beiden jetzt an. Die Arbeitszeiten der Susi sind pro Woche täglich acht Stunden, einmal von acht Uhr früh bis vier Uhr nachmittags, dann wieder von vier Uhr nachmittags bis Mitternacht. In solchen Wochen läßt es sich Joschi dann niemals nehmen, sie selber nach Sperrstunde vom Café abzuholen.

Manchmal wird es später, wenn Gäste partout nicht heimgehen wollen, sich kurz vor Sperrstunde noch etwas bestellen und dann ewig nicht austrinken. In solchen Fällen fungiert Joschi manchmal auch als dezenter Hinausschmeißer, knurrt ständig »Sperrstunde«, und es kommt auch vor, daß er in hartnäckigen Fällen mit Händen und Füßen nachhilft. In einem solchen Fall kam es dann zu jenem Erlebnis, das nicht ohne Folgen bleiben sollte:

Ein junger Mann, der ihm merkwürdig bekannt vorkommt, hat offenbar ein Auge auf Susi geworfen und will mit ihr zusammen das Lokal verlassen. Während sie Geschirr abräumt, versucht es Joschi auf die höfliche Art. Er möge doch endlich gehen. Der Bursche grinst höhnisch, fragt dann: »Sind Sie etwa der Vater der Kellnerin?« »Nein, ihr Mann«, meint Joschi, »und jetzt schau, daß du endlich weiterkommst!«

Schließlich kapituliert der Kerl, nachdem Susi einige Lichter abdreht und die Fensterläden schließt. Beim Hinausgehen macht er noch eine Bemerkung zu Joschi, die diesen alarmiert. »Der Hanner Franzl wird nächste Woche entlassen«, sagt er. »Dann geht's dir an den Kragen, Inspektor!«

Susi will wissen, was damit gemeint war, und zu Hause im Bett erzählt er ihr die Geschichte. Jetzt kann er sich auch wieder erinnern, woher er den Burschen kennt. Er hat ihn vor Jahren wegen Einbruchs eingesperrt, offenbar hat er jetzt seine Strafe abgesessen und ist dabei mit dem Franz Hanner in derselben Strafanstalt gewesen.

Die Geschichte hatte schon vor mehr als zwanzig Jahren begonnen:

Damals war in einem Gemeindebau die Leiche einer Frau entdeckt worden. Sie hatte dort gewohnt, und weil ihr Postkasten wochenlang nicht ausgeräumt worden war, verständigten Nachbarn die Polizei. Die Wohnung wurde amtlich geöffnet. Die Tote lag im Schlafzimmer, sie war erwürgt worden. Joschi Hammerlang war bei der Mordkommission, der Fall schien vorerst ziemlich hoffnungslos.

Glück gehört zum Beruf eines Kriminalbeamten, ohne es geht gar nichts. In diesem Mordfall hatte Joschi das nötige Glück, als er auf den Täter, den Franz Hanner, kam. Es war aber nicht die Ausforschung dieses Mannes, warum dieser dann sein rachedurstiger Todfeind wurde. Es war die Beweisführung.

Wie immer hatte sich Joschi vor dem Einschreiten über die Person des Verdächtigen genau erkundigt und Erstaunliches festgestellt: Der Mann war in ganz jungen Jahren während der Nazizeit in einem Konzentrationslager gewesen, hatte überlebt und nach der Befreiung und der üblichen Wiedergutmachungen hatte er nur davon gelebt. In

Form von Zeugenaussagen bei Kriegsverbrecherprozessen, bezahlten Zeitungsinterviews und ähnlichem. Gearbeitet hatte er nie etwas. Er war eine Art lokale Heldenfigur der Widerstandskämpfer unter Hitler, auch hatte er durch Mißhandlungen von SS-Bewachern angeblich bleibende geistige Schäden erlitten, und dafür erhielt er eine staatliche Invalidenrente.

Dieses spielte auch als Motiv der Tat eine Rolle, wie Franz Hanner in seinem Geständnis angab. Die Ermordete wäre ein widerliches Naziweib gewesen, hätte ihn ständig provoziert, und schließlich habe er sich nicht mehr beherrschen können. Eine Affekthandlung also, zurückzuführen auf seinen geistigen Schaden, der Arzt würde das bestätigen. Seine ganze Verteidigung war also darauf aufgebaut, sein Anwalt rechnete mit wesentlichen Milderungsumständen.

Nun hatte aber Joschi aus alten Akten festgestellt: Wohl war der Hanner im KZ gewesen, aber nicht als politischer, sondern als krimineller Häftling. Er war dort Kapo und tyrannisierte die politischen Häftlinge. All diese Beweise hielt Joschi dem Häftling aber nicht vor, sondern er berichtete sie nur dem Staatsanwalt. Und auch dieser hielt damit zurück, bis bei der Hauptverhandlung Hanner und sein Verteidiger ihre Argumente vortrugen und mit dem Mitleid der Geschworenen spekulierten. Die Blamage war riesengroß und der Haß Hanners auf Joschi ebenfalls.

Es ist Samstag, Susi hat Spätdienst und Joschi macht sich in der Wohnung gerade fertig, sie abzuholen, als das Telefon klingelt. »Du«, flüstert sie, »der Kerl, von dem du mir das Foto gezeigt hast, er sitzt hier am Ecktisch, seit einer Viertelstunde.«

»Bleib ganz ruhig«, sagt er. »Sind noch Gäste da?«

»Ja, zwei Tische.«

»Laß sie nicht gehen, bis ich komme. Ich geh durch die Hintertür, verstehst?!«

Sie versteht. Er lädt seine Pistole durch und macht sich auf den Weg.

Durch die Hintertür kommt er zuerst in einen Abstellraum. Er ist sehr leise. Dann winkt er der Susi, sie möge kommen. Sie nimmt einen Stapel Geschirr und geht in den Abstellraum. Joschi kann kurz den Hanner sehen, er sitzt mit dem Rücken zu ihm. »Kassier die anderen Gäste ab, sperr dann zu und bleib bei der Tür stehen«, flüstert er. Sie nickt und geht.

Jetzt steht sie bei der Tür, die Gäste haben also das Lokal verlassen. Er schleicht seitlich von hinten zu dem sitzenden Hanner, kann sehen, daß dieser eine Pistole unter der Tischplatte bereit hält. Joschi knallt ihm den Kolben seiner Waffe an den Kopf, Hanner fällt vom Sessel.

Jetzt nimmt Joschi die Pistole des Hanner an sich. Susi kommt heran. Er winkt ihr mit dem Kopf, zur Seite zu gehen.

Der Hanner stöhnt, rappelt sich auf, dreht sich um. Joschi schießt zweimal. In die Brust und in den Kopf. Dann nimmt er die Pistole des Hanner, schießt sich durch den linken Rockärmel.

»Hör jetzt gut zu, Suserl«, sagt er ganz ruhig. »Der Fall war so: Als ich hier hereinkam, schoß dieser Mann zuerst auf mich. Ich sprang zur Seite, schoß auf ihn und traf besser. Ein klassischer Fall von Notwehr. Das sagst du als Zeuge der Polizei. So, und jetzt ruf das Wachzimmer an, sag ihnen, hier wurde geschossen, und ein Toter liegt da.«

Die Funkstreife kommt nach fünf Minuten mit heulenden Sirenen. In dieser Zeit hatte sich Joschi einen doppelten Whiskey gegönnt.

Die Amtshandlung ist bald erledigt, der Fall ist ja klar. »Ein klassischer Fall von berechtigter Notwehr«, sagt der diensthabende Kommissar und ersucht dann noch den Joschi und die Susi, am nächsten Tag aufs Kommissariat zu kommen, um ihre niederschriftlichen Aussagen zu unterschreiben. Die Leiche wird abtransportiert, Joschi und Susi gehen heim. Am Weg hat er noch das Bedürfnis, ihr etwas zu erklären. »Weißt du«, sagt er, »es war wirklich Notwehr. Wenn auch nicht ganz so, wie der Kommissar glaubt. Aber wenn ich ihn nur überwältigt und der Polizei übergeben hätte, dann wäre er halt noch eine Weile gesessen. Und irgendwann wäre er wieder frei gewesen, ohne daß ich es erfahren hätte. Ohne Vorwarnung wie diesmal. Auch besteht die Möglichkeit, daß er im Häfen einen bezahlten Killer findet, und ich hätte dann gar keine Chance. Es blieb mir nichts anderes übrig. Schließlich warst du ja auch gefährdet.«

Sie nickt: »Er hat den Tod verdient, genau wie der Mörder meiner Mutter.«

Irgendwie merkwürdig findet Joschi das Verhalten seiner Susi in diesen Tagen. Er macht sich Sorgen. Manchmal ist ihr schlecht, und sie muß erbrechen. Es wird nicht besser, und sie geht zu einem Frauenarzt. Als sie zurückkommt, ist sie bester Laune. »Nein«, lächelt sie, »ich bin nicht krank, alles ist in Ordnung.« Ihre gute Laune hält die nächsten Tage an, das Erbrechen auch. Eines Abends, als er ihr die übliche Zigarette anbietet, lehnt sie ab. »Das ist nicht gut für das Baby, das ich erwarte«, meint sie beiläufig.

Er fällt beinahe vom Sessel.

»Was?!« schreit er, »du bist schwanger?!«

»Schon im dritten Monat«, lächelt sie. »Und daß du es gleich weißt, ich will das Kind haben, eine Abtreibung kommt nicht in Frage!«

»Ich dachte, du nimmst die Pille«, sagt er fassungslos.

»Ich hab sie nicht mehr genommen, weil ich mir ein Kind wünsche«, erklärt sie. Dann umarmt sie ihn. »Du weißt gar nicht, wie ich mich freue!«

Joschi runzelt die Stirn. »Nur unter einer Bedingung darfst du das Kind haben«, sagt er streng.

»Bedingung?«

»Ja. Du mußt mich heiraten. Ein uneheliches Putzerl kommt nicht in Frage.«

Jetzt weint sie vor Glück. »Du willst mich wirklich heiraten …?« wiederholt sie fassungslos immer wieder, »mich, eine ehemalige Hure …?!«

»Nein«, widerspricht er und küßt sie, »einen großartigen Menschen heirate ich. Ein Weib, wie ich es mir immer gewünscht habe. Und du wirst sicher auch eine gute Mutti. Ganz sicher.«

Jetzt weinen beide. Vor Freude.

Sechs Monate später entbindet Susi ein gesundes Mädchen. »Wie werden wir es taufen?« fragt sie. »Na, Susanne natürlich, Susi«, antwortet er. »Na geh«, meint sie, »da wird sie ja ganz irritiert, wenn du auch zu mir Susi sagst.« »Zu dir sage ich ab jetzt nicht mehr Susi«, sagt er streng. »Ab heute nenn ich dich Mutti – gelt? – meine liebe Mutti du.«

Franz Xaver Hofer

DIE NOTWEHR DES HERAKLES

Erzählungen

136 Seiten, gebunden
ISBN 3-85267-000-4
S 198.– / DM 25.50

Den Erzähler interessieren die Angeln, in denen sich das zeitgenössische Leben bewegt, und die Haken, an denen die Nervenfasern in der Tiefe der Person befestigt sind: die Emotionen, die Leidenschaften, von denen Handlungen getragen und gesteuert werden, auch wenn sie vordergründig logisch und kühl durchdacht erscheinen.
Beim freien Assoziieren und Erfinden geht Hofer davon aus, daß jeder ein tieferes Leben lebt, dessen Motive er nicht versteht, die er zudeckt und (eigenen strategischen Gesetzen folgend) taktisch verbirgt. Dabei kommt aber leicht die Eigengesetzlichkeit des Daseins zu kurz. Die Substanz ist verspielt, der Charakter verdorben, die Persönlichkeit leer, und die Gesellschaft wird oberflächlich. Das Wissen um die Motive des Handelns geht verloren.
Der so veräußerlichte Mensch unterliegt einer Unterweisung durch das Leben, die er oft nicht versteht und als Unglück deutet, als zufällig, als blindes Schicksal.
Der Autor dringt mit seinen Texten in die verflochtene Wirklichkeit der Motive ein. Auch insofern ist seine Prosa realistisch zu nennen.

Franz Xaver Hofer, geb. am 24. 11. 1942 in Niederwaldkirchen im Mühlviertel, Matura am Stiftsgymnasium Schlierbach; Studien in Wien und Heidelberg. Lehrerausbildung Klagenfurt; seit 1966 Lehrer, verheiratet seit 1972, drei Kinder, lebt seit 1976 auf einem ehemaligen Bauernhof in Rainbach bei Schärding.
Einige literarische Arbeiten: Drama »Orestie 72«, Uraufführung Schloß Scharnstein, Drehbuch »Sprachgestört«, Bundesländerwettbewerb 1976, »Der Sohn des Faßbinders«, Erzählungen (Haller-Verlag Passau 1985), Drama »Im Garten Schreber«, 1987, erscheint 1993 mit Zeichnungen von Alois Mitter, Erzählung »Der Kentaur«, Frühjahr 1991, Passau, Museum Moderner Kunst, Roman »Der Geigenspieler«, 1990/91 (Literaturagentur A. Poldner, München), Erzählungen und Gedichte.
Mitarbeit: Literaturzeitschrift des Landes OÖ. »Die Rampe« (bis 1990); Redaktion Kulturzeitschrift »Landstrich«, Mitgliedschaft bei der Innviertler Künstlergilde, P. E. N.

Erschienen im Verlag Grosser

Herbert Vorbach

DER KÄFER IM GLAS

Erzählungen

136 Seiten, gebunden
ISBN 3-85267-001-2
S 198.–/DM 25.50

Was ist nur mit unserem Alltag los? Ist er aus den Fugen oder wir, wo kommt das viele Unerwartete her, und warum zeigt sich das Erwartete so tückisch? In elf unterhaltsam-satirischen Geschichten geht es in diesem Buch um die Tarnung und Enttarnung scheinbar vertrauter Wirklichkeiten. Nach beinahe 50 Jahren, in denen für uns alles immer mehr und besser geworden ist, werden wir heute immer deutlicher vor eine verwirrende Frage gestellt: Haben wir uns selbst überlistet, und wo ist eigentlich das Lot hingeraten, aus dem alles gekommen ist?
Dabei sind wir bzw. die Menschen in diesem Buch doch so lustig und erfolgreich. Jahrmärkte und Volksfeste breiten sich aus, clevere Marketingstrategen bescheren uns täglich neue Wegwerferlebnisse, ein Einkaufszentrum wird zum Ort der Andacht. Dann wieder hält ein Politiker eine wahrhaft kulinarische Rede, ein Schweinerennen findet statt, ein Kulturpavillon entzaubert seine Eröffner.
Was ist nur mit unserer Normalität passiert, wo kommen wir hin, wer ist der Käfer im Glas?

Herbert Vorbach, geb. am 8. 1. 1950 in Stockerau, Studium der Volkswirtschaftslehre in Linz, von 1975 bis 1979 Universitätsassistent, dann Bankangestellter. Literarische Schwerpunkte: surreale Lyrik, essayistische, poetische und satirische Prosa.
Buchveröffentlichungen: »Augen auf Linz« (zusammen mit Walter Pillar), Landesverlag 1990;
»Der blaue Likör«, surreale Informationen; Linz Kultur Texte, Landesverlag 1992.
Anthologien: Abspeisung. Ein Erbrechen. Erschienen in: Der Bernhardiner, ein wilder Hund, Edition S 1990, herausgegeben von Jens Dittmar;
Erzählungen und Lyrik weiters in den »Facetten«, in der »Mühlviertler Kulturzeitschrift«, in »Gezeiten« und in sonstigen Anthologien.
Preise: Förderungspreis der Dr.-Ernst-Koref-Stiftung 1987;
Publikumspreis »Literatur zur Arbeitswelt« 1990;
Mitglied bei der Mühlviertler Künstlergilde, bei der Grazer Autorenversammlung und beim Linzer Autorenkreis.

Erschienen im Verlag Grosser